MARIE GAULIS

LE ROYAUME DES OISEAUX

ZOE

Les Éditions Zoé remercient le Fonds de soutien à l'édition
de la République et Canton de Genève pour son aide à la publication.

www.editionszoe.ch
Maquette de couverture : Silvia Francia
Illustration : D.R. Lacombe et fils, Genève
ISBN 978-2-88927-297-6

Les Éditions Zoé sont au bénéfice d'une convention
de subventionnement avec la Ville de Genève,
Département de la culture.

Car la maison n'était pas que maison. [...] Elle était terre démesurée, innommable et sans repos, elle était rêve, elle était désespoir, et surtout cela qui fait que de très loin, parce qu'ils sont là où ils ont toujours été, on reconnaît les lieux familiers [...].

Michèle Desbordes

I

La chapelle

Depuis la plus haute tour, je regarde le ciel, le sommet des arbres, les champs, les toits du village, le droit clocher de l'église moderne, Notre-Dame du Léman, construite juste après ma mort, qui se dresse un peu seule au bord d'une route devenue moins passante depuis qu'on l'a détournée. Je ne peux rien comprendre à cette nouvelle topographie de ronds-points, de ponts, de garages, d'entrepôts vendant je ne sais quelles marchandises, mais je reste proche des clochers, de la chapelle Saint François de Sales où j'allais à la messe, de ma petite chapelle à moi, celle de mon époux, celle où ce qu'il reste de mon corps est enterré en une compagnie confuse, dans l'obscurité humide d'où je me suis échappée pour me poster ici, dans l'air vibrant d'oiseaux et de vent.

De l'autre côté de la route, j'ai vu sortir des champs dans le bourdonnement des machines, les habitations pour immigrés construites à la hâte dans les années 1960 et 1970, avec leurs façades d'un beige très vite sali par le temps, leurs maigres pelouses plantées de quelques bouleaux, leurs garages. Je ne peux imaginer la vie qui s'y mène, mais déjà je donnais de la nourriture et des vêtements aux enfants galeux, mères épuisées, pères alcooliques, gens d'ici, des vallées, Italiens, Espagnols, Gitans qu'on appelait Romanichels, dont la famille des Asmusses a fini par s'installer au village, devenant des habitués du château. Puis sont venus les Algériens, les Marocains et les Turcs, oui, le monde entier, miséreux, avide, courageux aussi, venait frapper à nos portes.

Mon époux et mon fils, respectant la tradition, les gardaient ouvertes, ces portes, recevant clochards, ivrognes et Gitans qui venaient rempailler les chaises et aiguiser couteaux, ciseaux, sécateurs qu'ils nous rendaient chaque fois un peu plus usés. Mon époux Max m'avait très vite fait comprendre qu'on ne barricadait pas le château ni la propriété. Des murs poreux sourdait la vie désordonnée, quelquefois drôle, souvent pathétique et sale. Max accueillait dans la cuisine ces pauvres hères, que je nourrissais bien volontiers. Qu'ils étaient loin, les préceptes hygiéniques de mes parents. Le léger haut-le-cœur devant la misère qui m'avait toujours accompagnée, je me faisais un mérite de le surmonter. Après tout, la charité est un devoir chrétien, et les quelques filles mères qui nous amenaient leurs bambins morveux avaient dans les yeux le vide de celles qui n'ont plus ni courage ni même espoir.

Ce monde, ce que j'en aperçois depuis mon poste d'observation, n'a pas beaucoup changé, la misère se déplace, la prospérité nouvelle retranchant les derniers arrivés dans des zones encore plus indécises. Les nomades se sédentarisent et envoient leurs enfants à l'école, certains deviennent de roués hommes d'affaires, des vendeurs de terrains et de maisons, des importateurs de je ne sais quels produits, des assureurs, des avocats, des hommes politiques.

J'ai vu arriver les Algériennes alourdies par les grossesses, les vieux Marocains élégants avec leur robe blanche et leur bonnet brodé, se promenant, mélancoliquement, déracinés, autour de leurs immeubles sans jardin, sans ombre, sans mystère ou se retrouvant au marché du jeudi pour discuter, gravement appuyés sur leur canne, tandis que les plus jeunes, frappés par l'ennui, s'y enfonçaient avec une sorte de sauvagerie triste. Il me semble que tout est devenu confus ; même l'enclos de notre propriété s'est lentement ensauvagé, perdant au passage ses plus grands arbres, chênes abattus par la tempête, talus se couvrant de broussailles, plates-bandes oubliées sous les pissenlits, murs disparaissant sous le lierre. C'est un combat jamais achevé que celui de mettre de l'ordre et de donner forme au chaos, ce que j'ai tenté de faire toute ma vie, à ma façon, sans autre ambition que de donner une direction aux impulsions désordonnées de la vie.

En passant du couvent à la vie de château, je suis restée enfermée, non pas cloîtrée mais liée pour mon existence à un lieu, son histoire, sa présence aussi exigeante que celle d'un mari jaloux. Très bien élevée, parlant trois langues et ayant vu, malgré mon éducation stricte, plus de pays et de villes que mon époux, Maximilien, lui qui n'avait pas quitté la Savoie et ne la quitta d'ailleurs jamais, je ne savais pourtant pas très bien à quoi m'attendre, mal préparée à cette vie étroite rythmée par les habitudes de mon mari et de sa famille. Mon père, John Meredith Read, était un ami de Max, rencontré à je ne sais plus quelle occasion, un dîner ou une partie de chasse. Mon père que j'aimais tant n'a jamais pu assister à ma nouvelle vie, et j'ai toujours pensé qu'il m'avait abandonnée, moi la dernière de ses enfants, la plus délicate aussi, celle qui aurait peut-être mérité le plus d'égard. Il est mort un an après mon mariage, me laissant tout à fait seule. Quant à ma mère, Delphine Marie Pumpelly, stricte et puritaine malgré une beauté brune héritée de ses origines franco-italiennes, elle conserva toujours une certaine distance avec notre vie savoyarde ; elle venait seulement prendre les eaux à Aix-les-Bains où je la rejoignais chaque automne.

Et moi, jeune femme innocente plus qu'ignorante, brune comme ma mère, avec les yeux bleus de mon père, d'une élégance discrète, j'étais flattée de devenir la comtesse et la souveraine de ce château posé dans sa cuvette verte comme une vieille princesse endormie qui attend d'être réveillée. Et je me suis donné beaucoup de peine pour réveiller le château, pour tenir mon rang, pour assumer ce rôle dont je ne savais pas au fond en quoi il consistait. Tandis que Max partait pour ses interminables promenades et parties de chasse, je restais droite et ferme, élevant les enfants, surveillant les travaux, donnant à boire et à manger aux pauvres. Non sans garder une certaine réserve qu'on me reprochait, je le sais, derrière mon dos, disant que la comtesse Marie était fière, plus que Max, qui buvait volontiers avec les visiteurs et partageait leurs épaisses plaisanteries.

Mais je devais tenir bon au milieu d'une vie réglée par d'immuables rituels qui me paraissaient arbitraires et rythmaient l'existence sans lui donner de véritable but. Je me suis vite rendu compte que l'étrange suspension du temps qui régnait au château m'absorberait si je me laissais aller, comme tout le monde finissait par le faire, mari, cuisinière, jardinier, puis les enfants eux-mêmes, indisciplinés et indolents, impatients, avec quelque chose, au fond, que je n'arrivais pas à comprendre, une sorte de résistance passive et obstinée, que Max considérait comme une inaptitude familiale : « Nous ne sommes pas faits pour ce monde avide », me disait-il souvent, quand les factures, que je payais, continuaient de s'accumuler ou que les tuyaux éclataient sous le gel ou qu'un désaccord l'opposait au maire, au notaire, au médecin (qu'il ne fréquentait pas, mais c'était pour la rougeole ou la varicelle d'un des enfants). Il regimbait quand le monde ne le laissait pas vaquer à ses inoffensives occupations.

Je savais qu'il m'avait épousée pour sortir de son veuvage – il avait perdu sa première femme Jeanne, morte à dix-neuf ans en mettant au monde un fils –, par amitié pour mon père et pour ma dot. L'argent que j'apportais allait permettre au château de ne pas s'écrouler et à la famille de recevoir, de danser et de manger, dévorant avec une insouciance que je m'efforçais de ne pas trouver cynique ce que j'avais hérité de mon père. Je le savais et je ne lui en voulais pas : n'étais-je pas après tout exactement cela, une jeune fille aisée et de bonne famille, Américaine élevée en France, en apparence parfaitement adaptée à la situation ? Mais en réalité, déplacée et déracinée, ce que je me suis bien gardée de montrer à quiconque, détestant les longs hivers humides des bords du lac et m'ennuyant en compagnie des amis de mon époux, leur solide appétit paysan, leur goût pour la chasse et la politique, leurs discussions émaillées de patois qui m'étaient tout à fait hermétiques.

Mais je conservais ma fierté et mes chagrins pardevers moi. J'étais censée être une naïve roturière américaine, comme dans les romans de Henry James. Max aimait à se moquer de mon origine « yankee », comme il disait, de « cette fausse démocratie créée par les puritains, qui est en réalité le culte de l'argent, permis et même encouragé par le protestantisme », faisant semblant d'oublier que j'étais catholique, comme ma mère, que les Read furent des hommes politiques actifs, juges, sénateurs, d'une lignée d'Anglo-Irlandais courageux et méritants et que mon argent venait de leur travail. «Pas comme vos nobliaux inactifs, ceux qui ont échappé à la guillotine», lui répondais-je avec une certaine méchanceté. Il sortait furieux de la pièce, ne supportant pas que j'aie des opinions politiques, accusant d'ailleurs les Américains d'avoir préparé la Révolution française et d'avoir ruiné Louis XVI en lui demandant, par l'intermédiaire de l'habile Benjamin Franklin, une aide considérable en espèces et en armes. Max n'aimait en réalité ni la révolution ni la république, mais il ne prônait pas non plus un retour à la monarchie. Il regrettait l'annexion forcée de la Savoie à la France, la grandeur passée du Royaume du Piémont; il ne se sentait pas plus proche des Suisses et encore moins des Genevois, dont il moquait le goût du travail et de l'argent et qu'il appelait les «pique meurons». Dans cet isolement de principe, il ne pouvait que rêver à un passé glorieux et attendre la déchéance, tandis que mon dynamique lignage américain devait lui apparaître comme une fantaisie, une sorte d'utopie dont il se tenait éloigné, par méfiance.

Mon père même, qu'il avait bien connu, John Meredith Read, qui fut général et consul des États-Unis en Grèce et en France, qui reçut un brevet de la ville de Paris pour avoir soutenu le siège de la Commune, a dû lui sembler très loin de lui, malgré leur estime réciproque. Je n'ai d'ailleurs aucun souvenir de conversations communes. Tout au plus ont-ils pu évoquer la chasse, que mon père pratiquait un peu, ou l'histoire locale, à laquelle ils s'intéressaient tous deux. Mais on ne pouvait parler de rien, avec mon époux, toute conversation sérieuse débouchait sur des malentendus, et sa susceptibilité les transformait en disputes.

J'ai toujours entendu mon oncle, ma grand-mère dans une certaine mesure, tenir un discours non pas nationaliste, puisqu'ils étaient opposés à l'idée de nation, qu'elle fût d'ailleurs française ou italienne, mais régionaliste. Mon oncle avait été actif dans le Mouvement Région Savoie, il en avait même été je crois l'un des fondateurs, mouvement qui avait connu son heure de gloire relative dans les années 1970. Mon oncle assurait que la Savoie, qui aurait d'ailleurs dû être une grande entité et pas deux départements, était plus proche de régions alpines comme le Piémont, le Valais, voire le canton de Vaud (dont il louait le goût du petit blanc et la bonhomie roublarde) que des centres urbains français ou suisses. À l'étroit entre le lac et les montagnes, entre la Suisse et l'Italie, la Savoie historique n'était plus qu'une région périphérique, dépendant de l'administration centralisée française et de la richesse nouvelle produite par les stations de ski comme par les « frontaliers ».

On ne vivait plus dans la Savoie libre et glorieuse depuis longtemps, et si tous les mâles de la famille ont été nommés chevaliers de l'ordre des saints Maurice et Lazare, c'était un titre honorifique reçu sans doute en reconnaissance du seul fait d'exister encore et de contribuer à la préservation de leur espèce, dans une enclave qui était en train de perdre sa signification spirituelle et historique. Pourtant, ce lien gardé avec la Maison de Savoie et avec un ancien ordre hospitalier de Terre sainte, je le trouve intéressant et même honorable, c'est une partie de l'histoire de cette lignée qui n'est pas honteuse, mais qui reste seulement suspendue en un étrange anachronisme.

« Mais, continuait Max si la discussion n'avait pas encore dégénéré en dispute, vous, vous les Américains, vous avez massacré les Indiens et maintenu en esclavage toute une partie de votre population ». C'était vrai, mais je n'avais jamais ressenti de remords ni même de mauvaise conscience car ma famille était depuis longtemps sortie de ces âges obscurs. Nous nous faisions face, alors, pâles tous les deux de ce combat mené à l'abri des regards, le soir au petit salon quand dormait la maisonnée. Il n'y avait pourtant ni perdant ni gagnant, aucun peuple n'était exempt de crimes. « Et vous, terrés dans votre château, vous croyez échapper à l'histoire, mais elle est là, elle vous cerne, elle attend son heure. » « Quelle heure ? Bon Dieu, nous avons déjà donné ce pauvre Rodolphe à la France, cette patrie ingrate. » Le beau Rodolphe, si jeune dans son uniforme, mort en 1914, au tout début de la guerre, et enterré avec nous désormais, un des seuls je crois dont le nom est inscrit sur une plaque. « Oui, pauvre Rodolphe, et sa toute jeune épouse devenue veuve, encore une, et tous les Américains, lui disais-je, les Canadiens, les Néo-Zélandais et les Australiens, les Algériens et les Sénégalais, et même de braves citoyens suisses, morts pour rien, dans les tranchées visqueuses de boue et de sang ? C'est absurde – je me redressais – il n'y a pas de gloire, à la fin, pour personne, et moi je vous parle de citoyens qui ont essayé de construire un pays, comme les Read.» «Oui, oui, je sais, et nous, conseillers des ducs de Savoie et des rois d'Italie, mon propre père, Amédée, grand chambellan à la cour du roi Ferdinand de Bulgarie...»

J'avais peu connu mon beau-père, Amédée, mais je savais qu'il avait été un homme actif, bienveillant, fondateur de l'Académie chablaisienne, musicien, lettré, bienfaiteur. Il avait composé d'innombrables polkas adressées à des dames de la région, et laissé quelque part un harmonium et la chaise haute qui l'accompagnait. Peut-être le premier et le dernier de sa lignée qui ait joué son rôle avec générosité. De mon beau-père je conservais un bon souvenir, bel homme affable, cultivé, qui avait accompli une tâche immense, celle de recenser toutes les familles de Savoie dans ce qu'il a appelé l'Armorial, des années entières de sa vie passées à consulter des archives, des grimoires, des lettres. Pendant ce temps, il ne vivait pas vraiment, sa femme se morfondait, ses enfants ne le voyaient pas et sa belle moustache pendait tristement comme les fanes d'un navet. «Oui, un navet!» Et je sortais, toute droite, me retenant de claquer la porte, privilège qui était réservé à mon époux.

Car toutes les manifestations de colère lui étaient permises, et il les exploitait toutes, parfois en une seule journée, des colères au début qui me faisaient si peur que je courais m'enfermer dans ma chambre, attendant que le bruit des chiens, dehors, et des pas sur le gravier m'annoncent le départ de mon fulminant époux. C'est alors que m'est venu le goût de la prière, pour patienter, pour apaiser mes nerfs, pour adresser à quelqu'un mes doléances.

La chapelle que j'ai fait construire est toujours là, perchée sur son talus, avec ses pierres grises et bleues, son petit clocher ouvert où est suspendue une cloche que je n'entends plus. Il y a eu encore des mariages et des baptêmes, l'enterrement d'Étienne, le fils de Max et de Jeanne, celui de mon fils Joson et de ma bru Théodora, tous les deux réunis, comme Max et moi, sous les murs de la chapelle, mais en fait, séparés, flottant eux aussi dans les nuées, devenus oiseaux peut-être, ou nuages ou vent. Unis dans l'oubli plutôt que dans la foi, entre la légende et le mythe, la croyance qu'on veut nous inculquer, depuis l'enfance, en la vie éternelle et l'immortalité de l'amour.

Malgré mon désir de croire, je n'ai retrouvé aucun de ceux que j'aimais, partis avant ou après moi, même dans la promiscuité de la chapelle, os dormants et pourrissants côte à côte, ce qui faisait notre personne, envolé, et c'est peut-être une consolation, après tout, que de se découvrir si légers: ce sont les vivants qui imaginent le poids des morts, leur permanence, leurs exigences même, mais si nous pouvions leur dire que plus rien n'a d'importance et qu'ils doivent vivre sans béquilles, sans attelle, sans le joug du devoir, ils se redresseraient et vivraient enfin, respirant, jouissant, comme nous ne l'avons pas fait, toujours inquiétés par le passé et bercés par une fallacieuse promesse d'immortalité.

Je suis heureuse pourtant d'avoir bâti la chapelle, témoignage de mon affection et de ma fidélité, refuge pour les promeneurs, peut-être maintenant seulement pour les abeilles et les chats qui se glissent sous les broussailles; construite sur une butte surplombant le château, à l'écart des routes (mais les routes se rapprochent, il reste de moins en moins d'espace pour les oiseaux et les insectes), solitaire, modeste, trapue. Moi qui n'étais pas de ce pays et qui suis restée toute ma vie loin des prairies, des forêts, des villes de brique rouge et de frondaisons dorées de mes aïeux, je me suis souciée des mânes d'une famille qui n'était pas la mienne, j'ai voulu laisser une trace de mon passage, non pas par vanité mais dans l'espoir que quelque chose survive à notre disparition.

Mais la cloche ne sonne plus, les visiteurs se font rares, le terrain autour s'est rapetissé, la chapelle reste bien seule sur sa parcelle. Elle est devenue un souvenir, un monument oublié à la mémoire d'une famille qui se perd elle aussi, lentement, dans le vacarme confus d'un nouveau siècle que je n'aurai pas connu. Je ne saisis pas tous les troubles et les difficultés de mes descendants, mais j'ai vu, de mes yeux aveugles de spectre, la fin d'un monde, dont la chapelle reste le témoin.

À la chapelle se sont mariés mes parents, et je conserve une série de photographies montrant un joyeux et désordonné cortège entourant le jeune couple, si beau, si frais, d'avant ma naissance, d'avant les drames, ma mère encore toute ronde de l'adolescence qu'elle quittait à peine. Mais depuis qu'on ne l'utilise plus, la chapelle est désacralisée, et comme le diocèse n'encourage pas la fonction privée, il avait même fallu une dérogation spéciale de l'évêque pour pouvoir y célébrer le baptême des enfants de mon cousin, dernière cérémonie avant l'abandon.

Laissera-t-on s'écrouler la chapelle ? J'aurais aimé insuffler à ceux qui restent un peu de mon courage, car s'occuper des terres et des pierres demande de la ténacité et de l'attention, comme de s'occuper des enfants. Mais ce n'est après tout pas si difficile, surtout si on l'accepte comme une vocation passagère, un héritage qu'on a reçu et qu'on transmettra à son tour. La Vierge dans l'oratoire d'Amédée, derrière sa petite grille, a depuis longtemps perdu sa tête et les bouquets fanés sont devenus poussière, comme les derniers pots de chrysanthèmes déposés par quelques fidèles amis ou parents, qui se souvenaient encore de nous à la Toussaint. Les rites mêmes ne demeurent pas et les saints ne nous protègent plus depuis longtemps, car nous avons perdu la foi. Moi-même, dans mon éternel flottement, en quoi puis-je croire à présent, sinon au chant des oiseaux et au passage des nuages ?

Dans cette désagrégation où je dérive, je suis maintenant au-delà des passions, des amertumes, de l'orgueil. Le silence ironique de Max, tandis que je dessinais les plans de la chapelle avec Giuseppe le maçon des Abruzzes et Fanfoué le charpentier des Allinges, ne me touche plus, ni l'ingratitude de ma famille. C'est qu'on n'aimait pas l'effort ou qu'il devait être invisible et silencieux, ce que d'ailleurs il fut, puisque je me taisais et accomplissais ce que je devais accomplir, heureuse de donner au moins une forme et un sens à ce petit morceau de terre et d'existence. Oui, j'ai voulu construire la chapelle pour ces jeunes morts, pour Rodolphe, pour rendre hommage à Amédée et son épouse Georgette, pour nous aussi, les Marie Max comme on nous appelait, la femme pour toujours accolée à l'homme, bibliquement, bête de somme, ânesse aux mamelles remplies d'un lait amer, l'homme et ses désirs vagues, ses colères, ses visions, son impuissance.

Quant à moi, j'avançais et je construisais, j'aimais me rendre tous les matins sur le chantier, comme lorsque j'avais fait installer dans le château les deux grandes salles de bains modernes, marchant dans le plâtre, me penchant au-dessus des fosses, écoutant les borborygmes de la tuyauterie neuve en cuivre brillant, si belle que j'allais la caresser la nuit, quand je me savais seule, essayant les robinets, m'éclaboussant d'eau glacée ou brûlante, tirant sans honte la chasse d'eau qui obéissait entre mes mains, et m'émerveillant de ce qui fonctionnait, neuf, huilé, délicat, à ma façon me dressant contre le fatalisme de mon mari, ses haussements d'épaules, son désespoir secret de voir le monde autour de lui s'activer et creuser et démolir et reconstruire, vendre et acheter, tandis qu'il contemplait, en une grimace mi-amusée mi-affligée, les fissures de ses murs et les fuites de ses toits : puisque la matière lui échappait, il poursuivait sa résistance en laissant aller les choses doucement à leur pente naturelle de dégradation.

De mon côté, j'agissais, et c'était une source de conflit entre nous, jusqu'à ce qu'il accepte et qu'il rende les armes – il n'avait pas le choix, la chapelle se dressait, toute fraîche sortie de ses échafaudages, et l'évêque du diocèse est venu en grande pompe la consacrer. Je lui donnais le nom de saint Joseph, mon saint patron, modeste père du Christ, même si personne ne l'a jamais appelée ainsi. Les salles de bains une fois terminées, les invités vinrent les admirer, nous les baptisâmes avec du mousseux. Max, découvrant la volupté de la baignoire, s'y enfermait pendant des heures, satisfait d'avoir trouvé un moyen de subvertir la cause hygiénique de mes salles d'eau en les transformant en source de plaisir secret, douteux, et d'inactivité proclamée comme un dogme : désormais, il pourrait « méditer » à loisir et échapper aux exigences de la journée, fournisseurs, commandes, factures, visites de politesse, enfants qu'il fallait soigner ou emmener à l'école.

Mais je préférais le savoir flottant dans une eau claire que ne souillait aucun savon et qui refroidissait graduellement que de l'imaginer au café, en compagnie d'amis rustauds buvant dès le matin un affreux vin blanc acide et, pour certains, à fortes et quotidiennes doses, mortel. C'est d'ailleurs de cela qu'est mort notre jardinier, Louis, qui fut le premier à être enterré sous la chapelle. Max était si chagriné que pour la première et unique fois de notre vie commune, je le vis pleurer, sangloter même, appuyé contre le mur, se cachant le visage dans ses mains, non pas honteux mais au contraire, abandonné comme un enfant. Louis avait été un ami, peut-être le plus proche qu'il eût jamais eu, avec lequel il parlait en patois, et j'écoutais avec étonnement leurs conciliabules obscurs et chantants. C'était la langue des hommes, et je sentais bien que Max me tenait ainsi à l'écart de discussions en fin de compte anodines, sur le temps qu'il allait faire, les outils qu'il fallait réparer, un arbre à planter, un autre à tailler.

La messe que nous avons célébrée, à laquelle ont participé tous les villageois, a été belle, la chapelle resplendissait au soleil de septembre, des fleurs coupées jonchaient le sol, les enfants jouaient dans l'herbe, les cisailles de Louis étaient posées sur son cercueil, sa veuve, avec sa couronne tressée de cheveux bruns, se tenait toute droite dans une robe prune que je lui avais donnée. C'était beau, et je tenais le bras de Max, fière, émue, tandis qu'il s'appuyait sur moi, confiant, enfin, me serrant gentiment la main comme s'il découvrait que le chagrin nous rapprochait. Et voyant la beauté de la lumière et de tous ces visages graves, il reconnaissait aussi ce que j'avais accompli.

De mon arrière-grand-mère Marie, je ne peux avoir aucun souvenir puisqu'elle est morte avant ma naissance.

Il y avait un grand portrait au pastel dans le petit salon (je crois qu'il a été volé, ou plutôt probablement vendu), qui représentait une jolie femme brune aux yeux bleus, les cheveux vaporeux retenus par un nœud bleu pâle, un air penché, rêveur, mais c'était la mode, peut-être une bouche un peu petite avec de petites dents qui se montrent en un sourire sans chaleur, de fonction pour ainsi dire.

Je possède une photographie de Marie, sous forme de carte postale au dos de laquelle est écrite à la plume, d'une belle écriture ample, l'inscription suivante : Ctesse Mary de Foras, Nice 1912. Sur un fond de drapé flou, le bras droit caché, qu'on devine appuyé au dos cannelé d'une chaise, Marie porte un immense chapeau à plumes au-dessus d'un joli visage ovale, les yeux légèrement tombants, le même sourire un peu contraint que sur le portrait au pastel, un jabot de dentelle d'un blanc neigeux sur une redingote sombre (impossible de savoir si elle est noire, marron, bleu marine, mais je pencherais pour le bleu) qui s'ouvre sur une jupe du même tissu ; de la manche gauche sort de la dentelle blanche, et la main serre un petit sac en bandoulière au fermoir brodé de perles retenu par une longue chaînette ; on devine un discret rang de perles autour du cou, sur la chemise en dentelle. C'est une tenue de ville, élégante, sobre, la silhouette est élancée, les cheveux discrets sous le chapeau, remontés en un fluide chignon. Marie ou Mary regarde un peu à droite du photographe, qui a inscrit son nom au dos de la carte, R. Obernetter, Photographe, 39, rue de France – Nice.

Je ne pense pas avoir une ressemblance même lointaine avec mon aïeule Marie, mais je suis la seule à porter son prénom, et peut-être que je trouve dans son goût pour l'action un contrepoids vital à l'apathie, à la neurasthénie familiales, dont on m'a beaucoup dit qu'elles venaient des femmes mais qui m'apparaissent très clairement dessinées chez les hommes, empreinte maladive dans cette lignée autrement solide. On ne parlait pas du corps, ni de ses maux ni de ses plaisirs, encore moins des blessures de l'âme. On avait pourtant le goût de la beauté physique, que ma grand-mère et ma mère louaient volontiers, s'arrogeant le droit, en tant que peintres, de porter sur le corps un regard cru, anatomique. Mais personne, surtout pas les hommes, n'aurait jugé convenable de s'appesantir sur ses troubles, tourments, malaises et souffrances. S'il y a eu des maladies, psychiques et physiques, elles se sont transmises dans un silence embarrassé ou alors, on en a parlé comme d'un héritage, avec un certain détachement, autant que l'argenterie, les portraits, les meubles, ce qui a échappé aux pertes, ventes et vols.

Je suis née à Paris, j'ai été élevée à Paris, je me suis mariée à Saint Philippe du Roule dans le VIIIe arrondissement, par un jour de novembre 1895 qui me semble à peine réel. J'ai le souvenir, très imprécis, d'une cérémonie sans gaieté, de vêtements sombres, de nos parents plus satisfaits que nous, moi au bras de Max, petite, droite, distraite, lui à peine souriant, sa haute taille l'éloignant encore de moi. C'était pour faire plaisir à mes parents, qui vivaient alors à Paris, que nous nous y sommes mariés. Max détestait la capitale et n'y venait jamais. Je savais qu'il avait perdu sa toute jeune femme, Jeanne, morte en couches en lui donnant un fils, Étienne dit Touti, et qu'il était inconsolable. Et sans doute mon père a-t-il vu dans notre mariage à la fois une possible renaissance et une alliance. Mais Jeanne, jeune et belle et tant aimée par Max, a toujours hanté notre vie, au point qu'à la naissance de notre première fille, mon mari a voulu lui donner le nom de la jeune inconnue. Je m'y suis fermement opposée, ne voulant pas que ma fille portât le nom d'un fantôme.

Je n'avais pas beaucoup de liens avec mon pays d'origine, et mon père lui-même avait passé plus de temps en Europe qu'en Amérique: étions-nous encore Américains? Sans doute, par notre culture, un goût de l'action, de la confrontation avec le monde, une certaine foi dans la force de la vie et des hommes. J'ai été charmée, au début, par la nonchalance de mon époux. Max aimait à échafauder des plans, des constructions imaginaires: je le trouvais romantique, ou peut-être romanesque, la romance était à la mode, on se nourrissait de ce poison. Je le trouvais, chasseur et promeneur, à la fois viril et doux comme un simple d'esprit.

Mais les comtes, depuis plusieurs générations et avec quelques exceptions, n'étaient pas simples d'esprit, ils étaient simplement paresseux, avec des élans désordonnés vers l'action ou plutôt, je le découvris dans les premières années de notre mariage, le simulacre d'action. Je fus très vite agacée par les incessantes et velléitaires réflexions de mon époux Max. « Si on gagnait à la loterie » était une de ses phrases préférées, le préliminaire à une litanie de ce que l'on pourrait faire alors: réparer le toit ou les canalisations, repeindre le salon, couper les arbres morts. Mais la loterie, c'était moi, ce que mon mari le comte savait et ne pouvait admettre, surtout pas en compagnie de ses amis. Je devais rester une jolie femme, teintée d'un léger exotisme (qui se manifestait par ma façon de m'exclamer en anglais dans la colère ou le dépit, cette « langue de sauvages » comme disait volontiers Max), un peu en retrait, discrète et obéissante. Pour réparer les gouttières ou soigner l'otite d'un des enfants, une connaissance viendrait – charpentier, médecin – et donnerait des conseils en échange de quelques bonnes bouteilles. Max se livrait constamment à des marchandages obscurs dont l'objet véritable, et encore plus le résultat, m'échappaient mais qui l'occupaient, lui donnant un semblant d'autorité.

Peut-être le charme de ces comtes savoyards venait-il précisément de cette difficulté d'agir, qui avait été un choix, et qui les tenait éloignés de tout commerce, de tout sens – tellement américain – du profit, de l'enrichissement, du développement. Ils ne développaient rien, ils attendaient en faisant des projets grandioses et vagues et, je le découvris aussi, en se rongeant de soucis, connaissant leur inaptitude mais ne la combattant pas. J'ai vu Max en souffrir, et mon fils, ses propres fils, si peu équipés pour la vie concrète, pour la vie hérissée de contraintes, pour l'entreprise quelle qu'elle soit, et pour la joie, aussi, de l'effort, de l'obstacle surmonté. Il y a un domaine pourtant où Max excellait et mettait une exultation dans la concentration qui ne cessait de me surprendre, c'était le jeu. Non pas le jeu d'argent, même s'il avait un peu joué au casino d'Évian, plus pour le plaisir d'y emmener une jolie femme que pour celui de gagner, et même s'il s'était lancé, sur le conseil de quelque ami, dans des spéculations boursières qui restaient assez limitées dans leurs effets. Son allusion à la loterie restait toute théorique et je ne pense pas l'avoir vu réellement miser sur quoi ou qui que ce soit, sinon peut-être au café, loin de moi, avec des amis qui se moquaient gentiment de son manque de roublardise. Non, il jouait passionnément, pendant des heures, avec son fils Touti, au trictrac et aux dames, courbant sa haute taille sur la petite table du salon. Et je l'observais depuis le fauteuil où je feignais de lire, durant les longues soirées d'automne et d'hiver, au coin du feu.

C'étaient des moments paisibles, seules les exclamations de l'un ou de l'autre interrompaient le silence. Bon stratège, d'une patience infinie qui contrastait avec son tempérament volatile, Max semblait absorbé par une tâche essentielle, et sur son visage concentré j'apercevais enfin le reflet de la joie, une joie enfantine et profonde. S'il avait mis autant de passion et d'effort dans des entreprises concrètes, me disais-je, il aurait pu faire quelque chose, construire, réparer, entretenir (je ne pensais certes pas au commerce, notion décidément trop éloignée de lui, sorte d'aberration nécessaire mais nuisible dont on se gardait). Mon Dieu, que ces illusions quelquefois étaient douces ! Elles m'aidaient à passer le long hiver.

À ma façon, avec mes moyens, en douceur pour ne pas effaroucher mon cher Max, j'ai entrepris de rénover, creuser, assainir, bâtir. C'était le travail de ma vie, auquel mon éducation protégée ne m'avait pas préparée, mais que je tenais certainement de mes entreprenants ancêtres. Et quand le charme de mon époux indolent s'est dissipé, je me suis jetée avec plus de détermination encore dans les travaux, en même temps que dans l'ascèse. Je sais maintenant que la religion est un leurre, comme de croire qu'on peut transformer les gens, et que mon assiduité à la messe, mes visites au père Bernard, mon confesseur, les lectures pieuses étaient un remède, un dérivatif, un exutoire, si l'on veut.

Du moins faisais-je quelque chose, alors que mon époux a passé sa vie sans changer de position, sa position étant assez floue pour lui laisser une certaine souplesse et ne pas exiger trop de sacrifices. Il a dansé et chassé et fumé, conservant une ironie que j'admirais et qui m'exaspérait. Moi, j'étais si sérieuse, si désireuse de changer les choses : il se moquait de moi, sans méchanceté, il m'appelait son « capitaine ». Il fuyait quand les travaux faisaient trop de bruit, tandis que moi, je buvais un verre de grappa avec Giuseppe, le contremaître piémontais, me souvenant des origines italiennes de ma mère. J'étais d'ailleurs soulagée de me retrouver seule dans le chaos de plâtre et de poussière, et la présence efficace des ouvriers me rassurait ; quelque chose bougeait entre les murs fissurés du château, son vieux châssis craquait, il gémissait et protestait mais je ne me laissais pas impressionner. Après tout, il en allait de notre survie, et peut-être avant tout de la mienne.

Mon père, que j'aimais tant, n'a pas voulu savoir qu'il me mariait au descendant d'une vieille famille qui n'avait d'autre perspective que de tenir, le plus longtemps possible, dans sa petite et déjà bien lézardée forteresse, et dont le but principal, même s'il restait inavoué, était de dépenser ma dot, non par avidité mais par une tendance naturelle au laisser-aller. De mon côté, j'ai cessé assez vite de penser à un avenir, me contentant d'une journée après l'autre, heureuse quand elle se finissait sans trop de heurts. Car je vivais dans un étrange et perpétuel présent, qui est celui des contes et des rêves, avec ses rituels saisonniers, ses visites, ses longues soirées mornes, le rappel constant d'une sorte de rang à tenir, on ne savait plus pour qui ni pour quoi. Pendant ce temps, tout bougeait autour de nous, la ville se construisait, de nouvelles fortunes se faisaient, l'Europe préparait une guerre, l'Amérique marchait au-devant d'un monde nouveau. Nous, nous restions occupés par de minuscules tâches, les enfants grandissaient dans cet univers clos – mais non pas étanche, les nouvelles, les bruits nous parvenaient, nous les commentions volontiers, Max aimait à se moquer de l'avidité des spéculateurs, tout en admirant, je le sais, leur insolence. « Vous voyez, me disait-il en abaissant son journal, ce vieux renard de Perracino a racheté la propriété de Marclaz, et je peux vous assurer qu'il va laisser la ferme tomber en ruine. » « Mais c'est votre frère Barthélemy qui a vendu, celui qui est parti je ne sais où, à Nice ou au Canada. » Max se redressait, comme si je l'avais insulté. « Il a vendu, oui, parce qu'il ne pouvait plus payer les impôts, parce que lui n'a pas… » « Épousé une riche héritière, comme vous ! » Et nous nous dressions face à face, ennemis tout à coup, moi bien sûr défendant selon lui l'acheteur. Max n'hésitait pas à me rendre indirectement responsable de cette vente, qui s'était sans doute faite au détriment de son frère, « Je vous avais suggéré d'aider Barle, mais vous avez fait la sourde oreille. » Bien sûr, cette débâcle était de ma faute, et je quittais la pièce, plus chagrinée que fâchée, comme s'il fallait toujours trouver un coupable pour expliquer les conséquences désastreuses de l'incurie familiale. Il est vrai que la ferme de Marclaz est restée à l'abandon, et je crois qu'elle continue lentement de tomber en ruine, toit affaissé, murs lézardés, en contrebas de la route principale qui mène à Thonon, tandis que le « promoteur », comme on dit, a rénové le petit château, le transformant en une demeure pimpante cachée derrière un portail et des murs neufs.

Il y avait aussi, prolongement naturel de notre vie, le lac, la montagne, les pique-niques et les baignades. Je restais assise à l'ombre, protégeant ma peau claire, alors que Max et les enfants brunissaient comme des Arabes ; d'ailleurs, je leur ai toujours trouvé un air oriental, avec leur poil noir, leurs pommettes hautes dans un visage rond, leurs yeux bridés, leur taille souple, leurs épaules un peu tombantes. Je me demandais, en les regardant de loin s'ébattre dans l'eau ou dans l'herbe, d'où ils venaient, de Tartarie, de Mongolie, de l'Arabie cruelle et fataliste ? Max m'assurait que cet air asiate, comme il disait, leur venait de mes ancêtres, qui avaient dû se mêler aux Indiens du Nord-Est, Mohicans, Hurons, Iroquois. « Vous leur avez transmis le sang sauvage des Peaux-Rouges, vous l'Américaine civilisée », me disait-il en riant de mon air offusqué. Mais peut-être avait-il raison, qui sait si, dans les premiers temps de la colonisation, l'un de mes aïeux n'avait pas pris pour femme une belle Sioux aux cheveux luisants ? « Et puis, après leur avoir fait des bâtards, vous les avez chassés de leur terre et imbibés de rhum et vous leur avez donné des armes à feu pour qu'ils s'entretuent », ajoutait Max quand il était d'humeur mauvaise. Je sais que dans ma bonne terre américaine reposent les ossements innombrables des chasseurs et des éleveurs, des chefs, des femmes et des enfants de toutes ces tribus perdues. Je le sais, mais je n'ai plus aucune larme à verser sur aucune race ni aucune histoire ni aucun récit.

Car tout ça n'a plus d'importance. Je flotte à présent entre les vieilles pierres grises, dans le ciel plein de courants, brises, souffles. Je n'ai jamais autant senti la force de l'air, je n'ai jamais été aussi nue, aussi légère. Il me semble que j'ai passé ma vie harnachée de corsets, de dentelles, de vestes ajustées qui mettaient en valeur ma taille, de jupes qui m'entravaient, de chapeaux trop grands qui se prenaient dans les portes et les fenêtres, de chaussures étroites.

Jamais je n'ai couru dans l'herbe ni nagé dans l'eau ni même fait mes ablutions sans un tissu lourd autour des hanches et des chevilles. Maintenant, je flotte, ni vêtue ni dévêtue. Je me souviens à peine de mon corps et encore moins de celui de mon époux, le seul pourtant que j'aie vu dans sa nudité (lui, il m'a vue et aimée, mais je n'étais pas la seule, je sais que ses mains se rappelaient encore Jeanne, son jeune corps qu'avait à peine alourdi la maternité, et que d'autres femmes se sont pressées contre lui, bon animal chaud). De ses caresses mêmes je ne me rappelle rien, sinon la sensation très lointaine du poids d'un corps contre le mien, et du soulagement quand j'en étais libérée, que je pouvais à nouveau respirer et bouger, les jambes pleines de crampes, des fourmillements dans les bras, le ventre serré, comme si la vie qui allait y prendre racine se faisait déjà sentir.

Je n'ai jamais beaucoup aimé ces gestes, cette brutalité, nécessaire invasion de mon territoire, on me l'avait bien laissé entendre. Mais j'ai appris à regarder le corps de mon époux sans honte et sans passion non plus : je le voyais comme un arbre, une plante vigoureuse, rejeton d'une lignée saine à défaut d'être dynamique, dont j'aurai de beaux enfants. Lui, je ne sais comment il me voyait. Je surprenais quelquefois un regard anxieux, tendre, quand il se permettait une invite inhabituelle, une tentative de rapprochement. Après tout, nous étions des enfants d'Adam, nus et primitifs et apeurés, et c'est maintenant, dans l'évanescence de mon état, que je comprends notre beauté, parce que j'en vois la fragilité, dégagée de tout poids, de tout devoir, de toute servitude et de toute honte.

Dans leur indolence, dans leur éternelle procrastination, accompagnée d'une intransigeance limitée à leur étroit domaine, les hommes de cette famille qui ne fut jamais la mienne trouvaient un réconfort, qui n'était peut-être pas que de l'aveuglement, face aux duretés du monde, à une exigence moderne qu'ils jugeaient inacceptable parce qu'elle leur demandait un effort d'adaptation démesuré. Je peux les voir ainsi maintenant que je me trouve à la lisière de l'ombre et de la lumière, que je saisis la face opposée et contradictoire des vies passées. Je trouvais, au début de ma vie de jeune mariée, que l'attitude de Max avait une certaine noblesse, je la comparais à celle de nos Indiens se battant pour leur survie, mais très vite dépassés par l'artillerie, l'alcool, la tentation d'une vie soumise, se réfugiant dans les fumées des rêves et la lente déréliction : il aurait fallu fournir un effort presque surhumain pour survivre sans perdre son âme, ça, je ne l'ai compris que beaucoup plus tard.

Mais il y avait, dans le manque de volonté de Max et de ses descendants, dans leurs accès de fureur, leur alternance de bonhomie et de sarcasme, quelque chose qui résistait et qui souffrait, présentant sa face sombre aux meilleures intentions, une affection de l'âme qu'une activité soutenue aurait pu sinon guérir du moins atténuer, un goût littéraire ou artistique, une inclination pour le jardinage ou l'élevage, une disposition plus optimiste envers l'activité et l'occupation. À ma façon, j'ai essayé de lutter contre ce défaitisme, cette peur de l'action, en rénovant et construisant, et je crois bien que Max m'en a été reconnaissant et peut-être, secrètement, qu'il a admiré ma détermination. Car il en fallait pour résister à l'appel de l'inaction, qui conduisait au découragement et à la tristesse. Moi, j'ai décidé de ne pas me laisser aller, et ce fut le travail de toute ma vie.

Dans la famille de mon époux, personne ne semble s'être tout à fait affranchi des vieilles idées moribondes – leur agonie traîne et entraîne les parents, les enfants, les petits-enfants dans une ronde qui peut paraître insouciante mais qui est boiteuse et mélancolique, rongée par des principes périmés, par des préceptes dont la seule valeur vient de ce qu'ils ont été transmis, comme des reliques. Ce qui a manqué à mon mari, mes enfants, leurs enfants, c'est un lien solide avec le monde, un lien de confiance et de curiosité. À ma façon, j'en ai établi un, et la chapelle posée sur son talus en est la preuve. Car elle existe, elle demeure. Elle résiste, pour combien de temps encore, je l'ignore, aux intempéries, aux transactions peu honorables et à l'avancée, tout autour d'elle, des constructions, des routes qui maintenant l'isolent. Je pourrais être fâchée contre mes descendants, leur incurie, le rejet de tout ce à quoi ils tenaient, le reniement des dernières bribes de leur histoire. Mais la colère, qui m'a toujours été interdite – elle était réservée à Max et à ses fils – il est trop tard pour que je la connaisse, elle s'envole dès que je m'en approche, tout est devenu trop léger.

J'ai deviné, avec mon intuition, que quelque chose de douloureux se jouait derrière l'apparente frivolité et la nonchalance de Max, de sa famille. Mais je peux maintenant le dire : j'ai été témoin d'une sorte d'empêchement congénital, chez mon époux et mes enfants et même chez mes petits-enfants que je n'ai pu protéger de cette hérédité, dans leurs mariages ratés, dans leurs entreprises vouées à l'échec, dans leur façon de choisir toujours la plus mauvaise solution, en suivant de désastreux conseils, jusqu'à se jeter dans les bras de la catastrophe. Dans ces vies souvent empêchées, le monde concret se heurtait sans cesse au monde de l'imagination ; la fantaisie et la rêverie ont été leur talent et leur perte.

Pourtant, j'ai foi, inexplicablement, dans les pierres, qui sont toujours là, et dans la nouvelle génération, malgré tout plus courageuse, ces enfants que j'ai encore vu courir dans l'herbe, leurs mollets drus, leur pure joie d'exister : c'est à eux qu'il nous faut donner tout espoir et tout encouragement, eux qui se sont mélangés, qui ont un sang neuf et métèque, oui, j'ose le dire, un nouveau sang, beaucoup moins bleu, un beau sang vif et rouge et plébéien. C'est seulement ainsi que je pourrais peut-être voir apparaître de nouvelles forces. Mais je serai si loin, alors, devenue moi-même nuée, que plus rien ne me touchera. C'est pour l'avenir que je leur envoie ma bénédiction, un avenir vivant et présent, non pas des plans fumeux ni d'indistinctes et cruelles querelles familiales qui se nourrissent de rancœurs et de ressentiments.

J'ai beaucoup attendu, dans ma vie de châtelaine et de comtesse et d'épouse et de mère, et il me semble, dans l'infini présent de mon état actuel, que cette attente n'est en fait que la vie. Toute la vie, on attend, la fin de l'école, le retour du père, la caresse de la mère, l'amour, le printemps, l'été, une fête, des retrouvailles, une lettre. Mais l'attente, dans le château et ma vie de comtesse Max, comme on m'appelait aussi, prenait une coloration particulière, et il m'a fallu une longue vie avant de choisir une autre maison, non pas pour y mourir mais pour y vieillir, dans un autre espace et un autre temps. Les hivers me paraissaient si longs, si gris, et j'attendais le printemps, postée à ma fenêtre, comme une princesse attend un prince imaginaire. Et quand il venait enfin, avec de premières éclatantes promesses en mars, le printemps ensuite s'imbibait de pluie froide et d'acide verdure qui n'en finissait pas de grandir et de prendre la place délicate des premières fleurs, des branches encore brunes, des bourgeons dorés : je n'aimais pas cet aqueux printemps, toujours décevant, et c'est alors que le désir de partir me prenait, si fort quelquefois que je suppliais Max de m'emmener sur la côte d'Azur, ce qu'il faisait, pour remettre en marche sa vieille auto, me disait-il.

Nous laissions les enfants sous la garde de Violette, et je redécouvrais, brièvement, qu'une autre vie existait ailleurs, bruissement des soieries, couples élégants aux tables des hôtels, orchestre, chapeaux à plume et fourrures, promenades au bord de la mer: c'était assez pour me redonner courage, et l'envie de retrouver ma petite famille, le nid étrangement inconfortable du château où le siècle s'était arrêté, pris dans les rets d'une douceur un peu aigre, d'un léger ennui, d'un fatalisme sans drame apparent. Mais comme il pleuvait, en ces mois d'avril, et comme j'avais froid, me serrant contre les cheminées, essayant de lire ou de broder ou de prier, mais rien ne venait que l'envie de m'endormir en écoutant la pluie goutter de tous les toits et le vent siffler dans les conduits, faisant refluer avec lui la fumée.

Je rêvais alors aux vertes forêts du Massachussetts et aux villes pleines du bruit de la vie, grincement des trams, appels des crieurs de journaux, musiciens de rue, klaxons. Ici, on n'entendait que la pluie, et les cloches du village sonner l'angélus; j'étais soulagée de voir enfin tomber le soir. Pourtant, de l'Amérique bruissante et trépidante je ne connaissais presque rien, ayant passé quelques étés à Lenox chez ma sœur Emily, sa formidable stature – elle épuisa deux maris – éclairée par le soleil rasant de fin d'après-midi, devant le porche néogothique de sa demeure. Les jardins, les fêtes champêtres, les visites, un voyage à New York ou à Boston pour des essayages de robes et des concerts, peut-être un bal ou un spectacle à Broadway: comme tout ça me paraissait alors étrangement lointain, une sorte de rêve du Nouveau Monde, un roman…

On me disait, jeune fille, que je ressemblais à une

héroïne de Henry James, avec mes cheveux bruns et mes yeux bleus, mon teint rose, ma taille fine : une de ces jeunes filles très naïves et très fraîches qui n'ont pas conscience de leur beauté, élevées dans un puritanisme édénique au fond de la Nouvelle-Angleterre. Peut-être aurais-je dû retourner dans le pays de mes parents, et y trouver un bon mari, avocat ou sénateur, l'un des nôtres, d'une vieille famille américaine, dont les racines il est vrai ne plongent pas aussi profond que celles des nobliaux de Savoie mais qui, par leur ardeur à croire au monde dans lequel ils vivent, apportent un élan que ceux d'ici ont perdu. Regardez comme ils se sont étiolés, nos braves Savoyards, velléitaires et empêtrés dans des principes devenus caducs. C'est une des grandes différences, je pense, avec les Américains, qui croient en la souplesse des principes et s'en accommodent : on peut être pieux et riche, on peut croire en la liberté individuelle et tenir à l'esclavage comme à une tradition ou même à une nécessité pratique, on peut avoir chassé les Indiens de leurs terres ancestrales et s'émouvoir des beautés et des bontés de la nature. Et on peut rêver, en rousseauiste du Nouveau Monde, à une fraternité et une égalité plus sincères, parce que matérialistes. Je les voyais comme des idéalistes, mes hobereaux savoyards et leurs congénères, regardant sans trop y croire entrer sur leur territoire les machines de la modernité, attachés à des idées moribondes qu'ils n'avaient pas le courage de délaisser pour affronter ce qui arrivait et qui signifiait la fin de leur monde.

Mon nouvel état me retient entre ces tours, près de ces murs gris, non loin de la chapelle qui tient encore debout, bleue dans le crépuscule, la chapelle où se mêlent nos ossements, car c'est dans cette terre que je dors et non au pays des Algonquins ni auprès de mes parents, à Saint-Germain, près de Paris, dans un grand cimetière pierreux et sans âme, ni à Baume près de mon presbytère. J'aime les jolis cimetières campagnards de la Nouvelle-Angleterre et du Delaware, avec leurs modestes pierres tombales légèrement penchées et leurs grands arbres et leurs herbes, comme celui de l'église de l'Emmanuel, avec la stèle où sont gravés les noms de George Read et de son fils, George junior, de leurs épouses et de leurs enfants, sous la pluie chaude du sud qui commence ici, à New Castle, au bord de la large rivière Delaware, grise et paresseuse. Oh, comme j'ai détesté les cimetières européens, leur lourdeur, leurs portiques, leurs plaques bavardes ! Au moins, sous la chapelle, nous dormons en silence et dans l'oubli, ma famille d'adoption et moi-même, ce qu'il reste d'un moi évanescent, et c'est très bien ainsi.

En me promenant dans le Massachussetts, autour de Lenox et de Stockbridge, dans un paysage vallonné et boisé, je suis entrée en contact avec les Mohicans. J'ignorais que je parcourais leur territoire, à pied, à vélo, avec une voiture prêtée par mon cousin George, encore convalescente d'un séjour difficile à New York, ville que je n'ai plus aimée, ville rouillée, encombrée, nauséabonde et pleine de sa propre image. Je visitais une exposition de sculptures en plein air, seule, dans une jolie propriété plantée de grands vieux arbres, les prairies descendant vers la rivière Housatonic au beau nom indien qui à la fois délie la langue et la fait claquer contre le palais. En passant près d'un arbre qui doit être un sycomore – je décide que c'est un érable sycomore, comme il en pousse aussi chez nous, en Haute-Savoie, arbres plantés par mon grand-père qui avait conservé avec l'Amérique un lien vivant – j'entends des murmures qui semblent sortir de l'écorce. Je m'approche, découvrant une discrète sculpture sonore et visuelle, je ne me souviens plus très bien, faite de matériaux naturels, écorce, peaux, cailloux, et la présence cachée de haut-parleurs d'où provient la voix, masculine, juvénile, mais peut-être très vieille aussi, des chants derrière elle comme un écho ou un chœur, un flot à la fois saccadé et suave qu'il faut écouter de très près, le corps plaqué au tronc de l'arbre, comme si cette voix parlait à votre oreille, doucement, dans une langue psalmodiée entrecoupée d'un anglais chantant.

Cette voix qui me parle est en même temps présente et fantomatique, elle vient d'un passé sans fond et sans nom, elle surgit de l'arbre comme un esprit ; c'est la voix d'une multitude abolie, d'un monde disparu porté par celle, unique et solitaire, d'un Mohican qui lance sa prière aux ancêtres, une voix à la fois étouffée par le temps et intensément vivante. Si je n'avais pas été là pour l'entendre, j'aurais poursuivi mon cheminement sans penser à rien d'autre qu'à mes troubles personnels, avec l'insouciance des ignorants et l'égoïsme des amoureux (car c'est l'amour qui me tient dans sa spirale, et la voix inconnue me sort brutalement de son cocon amer). Avec une autorité d'autant plus forte qu'elle semble venir d'un autre monde, à la fois retentissante et étouffée par l'incommensurable distance entre nous, m'obligeant à une attention aiguë, la voix me dit que ce pays fut le territoire de ses ancêtres et qu'elle continue de l'imaginer et de le chanter, à travers un éloignement qui pourrait aussi bien être celui du monde souterrain des morts que de l'espace cosmique des rêves. La voix me dit à moi, seule dans le parc par une matinée de juin fraîche et verte et pailletée de soleil, que l'endroit où je me tiens, la prairie descendant doucement vers la rivière, les arbres, ce qu'il reste de forêts dans ce paysage maintenant construit et tronçonné par les routes, est le pays des Mohicans. Cette terre de lacs et de rivières, de prairies bien grasses et de forêts giboyeuses, je comprends que, venant des terres plus froides du Canada, les Mohicans l'aient choisie, riche pays de frondaisons et d'herbe dont ils ont été ensuite chassés. Ce sont eux, « the people of the waters that are never still », qui ont nommé la rivière Housatonic, au bord de laquelle je descends, les arbres et le ciel se reflétant dans son immobilité rêveuse.

Debout contre le tronc de l'érable, je suis happée par l'éloquence de la voix masculine, chantante, énergique en même temps, une voix juvénile et précise, une voix en réalité venue de très loin et sans âge, car ce pourrait être un ancêtre qui nous parle dans une langue presque oubliée, évoquant un temps immémorial et pas si lointain, dans l'histoire courte des hommes, qui paraît ici d'une profondeur moirée et verte, comme l'herbe et le feuillage et la rivière, d'une profondeur glissante et aqueuse. On devine que dans sa langue indigène, le Mohican parle de réalités concrètes, qu'il dit la poésie des saisons, gibiers, feux, campements, enfants et vieillards, et bien sûr, des morts, leurs esprits volant autour des forêts et des eaux, esprits nécessaires à la vie et à son pouvoir fécond. On sent que dans la voix passent les courants des vifs et morts mêlés, chasse, pêche, amour, vengeance : le monde est un, concret, fait d'odeurs et de traces, et c'est bien ce qui me touche, à ce moment, à cet endroit, seule contre l'arbre avec la voix qui chante une mélodie nouvelle, inouïe et, pour beaucoup, inaudible, car qui veut entendre ces récits ?

La voix qui me parle flotte dans un espace et un temps qui ne lui appartiennent plus, dépossédée, déplacée dans une nouvelle région qu'il a fallu petit à petit repeupler, en s'alliant avec d'autres tribus, tâchant de recomposer un peuple, un nom, une langue, des traditions. Le Mohican qui murmure à mon oreille les mots rudes et chantants d'un monde disparu est sans doute assis dans un studio d'enregistrement, des écouteurs sur les oreilles, un burger et un coca à portée de main, car tout le monde mange à toute heure dans ce pays, comme si on avait encore gardé un souvenir des famines des siècles passés ou alors juste parce qu'on s'ennuie. Il est devenu gros, comme la plupart de ses compatriotes, hommes, femmes, enfants obèses, ne marchant plus, ne chassant plus, ne se déplaçant plus qu'en pick-up truck, assis devant la télévision comme tous les autres, à regarder les vastes forêts de leurs ancêtres qu'ils ne parcourront plus dans une adaptation séduisante mais fausse du Dernier des Mohicans.

C'est une narration, une psalmodie, un récit chanté, dynamique comme l'est tout récit des origines, vivant, immédiat. C'est un message aussi, envoyé à travers les airs, à travers l'écorce, dans l'impalpable réalité des vibrations, un message qui m'est adressé à moi et dont je suis la déposi-

taire, sans trop savoir qu'en faire : serait-ce, à peine voilée, une injonction à témoigner, à explorer plus avant la piste indienne, à remonter le cours du temps ou même, de façon plus évidente, à faire moi aussi le voyage d'est en ouest, jusqu'à la réserve du Wisconsin, pour retrouver celui qui me parle ainsi au creux de l'oreille ?

Tout à coup, le paysage s'est agrandi, il s'est approfondi, il est entré dans une histoire plus longue, modulée, subtile, un temps qui n'est plus seulement celui du profit immédiat et de tous ceux que cette poursuite a laissés sur le carreau, ni non plus celui de la religion, limité et cyclique, avec ses confessions aux multiples églises auxquelles chacun précise son appartenance, comme un lien qui serait atemporel mais qui est bien davantage social, pour essayer peut-être de contrebalancer la pesante matérialité de la vie quotidienne. Sommée de répondre sur le sujet de mon appartenance confessionnelle, question posée d'ailleurs avec gentillesse mais exigeant néanmoins une réponse claire, je dis spontanément que mon église se trouve dans les bois et les champs, en bonne Indienne qui s'ignore.

Je sens bien que la question des Indiens de façon générale ne préoccupe plus personne, chacun dans ma famille occupé à tenir un rôle modeste et honorable, loin des ravages du profit et de la pauvreté qui gagnent le pays, peut-être pas de façon visible, ici à Lenox, mais qui insidieusement laissent de plus en plus de gens aux abois, sans assurances, sans maison, et les autres, sommés de participer à la course, courant, haletants, vers quel but ? Je vois bien que mes cousins tâchent de garder une allure modérée, entretenant des relations avec toute la famille, rescapés de mariages désastreux, vétérans de la guerre du Vietnam, tantes charmantes et vénérables qui parlent un français chantant et conservent le lien entre la France et l'Amérique. Et tous gardent un attachement sincère et fidèle aux racines savoyardes, ces racines qui ne mèneraient plus qu'aux morts si nous ne faisions l'effort de nous voir, d'entretenir des liens presque aussi fragiles que ceux qui unissent dorénavant les Mohicans à leur ancien territoire. Tous sont installés de façon somme toute précaire sur cette terre américaine, accueillante seulement en surface, qu'il faut bien honorer en y suivant quelques traditions, église, travail plus ou moins stable et rémunérateur, enfants, études, réunions de paroisse ou de club.

Les maisons, les propriétés ont été vendues, il ne reste que les sentiments, les émotions, les souvenirs et quelques fourchettes et cuillères gravées dont certaines, par une trajectoire mystérieuse, sont arrivées chez moi : « Belonged to Chief Justice John Meredith Read Philadelphia 1797-1874 inherited by his only son General John Meredith Read », les initiales JMR entrelacées au-dessus d'une couronne de fleurs et, plus sobrement, les lettres J. R. en poinçon, tandis que l'inscription est surmontée de l'aigle américain flanqué de deux lions. Cette lignée remonte à George Read, député du Delaware et l'un des signataires de la déclaration de l'Indépendance à Philadelphie, et c'est par elle aussi que s'entretiennent les récits et se maintiennent les liens, même ténus, entre les membres dispersés de la famille, comme une sorte de tige de fer qui nous donnerait à tous un air de légère rigidité et sans doute de ressemblance.

II
La salle de bains

Je dois dire que je n'étais pas convaincu par cette idée de salle de bains. Ce que nous avions me suffisait : eau chaude une fois par jour grâce à une chaudière à bois que j'alimentais et qui permettait tout juste de remplir une baignoire dans l'unique salle d'eau de l'étage, lavabos dans les chambres avec une bonne eau froide qui vous réveille le matin, cabinets séparés dont le plus grand progrès fut l'arrivée de la chasse d'eau – j'étais le seul à en avoir l'usage car elle était délicate à manipuler, le reste de la famille ayant droit au broc, un de ces brocs émaillés au bec retourné qui ornaient les trois cabinets du château. Ces cabinets étaient un lieu plaisant, séparé et tranquille, surtout ceux du rez-de-chaussée, que j'occupais volontiers en lisant le journal ; et si des plaintes s'élevaient, je les ignorais ou envoyais le plaignant à l'étage ou au jardin. Tout fonctionnait donc plutôt bien, selon un système ancien et spartiate, certes, mais qui suffisait à nos besoins : personne ne passait trop de temps à ses ablutions, ce qui économisait l'eau et le chauffage.

Et voilà que ma chère Marie, mon épouse, entreprenante et décidée à ne pas compter à la dépense, malgré mes réticences et même mes remontrances, a fait installer aux deux étages du château des salles de bains modernes. J'ai dû supporter les travaux, l'invasion de notre espace par le plombier, le maçon, le carreleur, de braves gars de la vallée de Bellevaux et du Piémont, c'est vrai, travailleurs mais bavards, chantant dans les pièces vides qui résonnaient, faisant horriblement craquer les planchers, y laissant des traces de plâtre que notre Violette essayait d'effacer au fur et à mesure, en maugréant comme moi contre tous ces « cofflauds », leurs voix sonores se mêlant aux coups de marteau. Et quand ils venaient vers moi pour m'annoncer, d'un ton triomphant, « M'sieur le Comte, faut qu'on vous dise, c'est tout pourri, on va pas pouvoir y ravoir dans l'état, faudra tout y refaire », le découragement me prenait et je fuyais en ville, au café de la Régence, laissant Marie seule avec cette clique de malheur. Pendant tout un printemps et une partie de l'été, le château fut ouvert, encombré de sacs de plâtre, traversé par des hommes en maillot de corps qui montraient leurs bras nus et musclés, tandis que ma femme, du matin jusqu'en fin d'après-midi, donnait ses instructions, toujours d'une voix douce et ferme, et que les chiens et les enfants couraient, montaient et descendaient les escaliers, excités par ce désordre, couverts de poussière de plâtre, ajoutant leurs cris au vacarme général.

Maintenant je me souviens de ces mois avec tendresse, avec une émotion lointaine, et je suis surpris que le souvenir de ces moments soit encore si vif, mais que leurs vicissitudes et ma mauvaise humeur d'alors se soient presque effacées. Pendant ces travaux, qui m'ont paru interminables, comme pendant la construction de la chapelle (qui au moins ne se passait pas sous mon toit), je découvris la volonté et l'obstination de ma femme, et j'en fus un peu inquiet : elle prenait des décisions et donnait des ordres, en vraie bonne maîtresse de maison qu'elle était devenue, elle échappait à mon contrôle, elle sortait de la répétition que je pensais inévitable des jours, de leur lenteur, qui à moi me convenait puisque notre existence se conservait et que les exigences du monde extérieur ne l'entamaient pas trop. Je faisais toujours mes petites affaires avec quelques amis et connaissances, j'allais surtout chasser et me promener, car il faut bien s'occuper, échanger, faire du troc, entrer dans deux trois petites tractations qui n'engagent pas grand-chose, sinon du temps, des discussions sans fin autour de verres de blanc.

« Comme ça c'est toujours fait dans nos campagnes », disais-je à ma bonne Marie qui ne comprenait pas et prenait un air légèrement réprobateur. « Mais il y a des lois », répondait-elle, et je mettais sa morale sur le compte d'un puritanisme qu'elle niait, insistant toujours sur son éducation catholique. « Oui, mais vous les Américains… » Nous ne nous comprenions pas, et je partais souvent fâché, claquant sans retenue les portes.

Terrains vendus pour des clopinettes avec la promesse vague qu'ils ne seraient jamais construits, achat de chevaux ou de chiens pour des prix d'amis en échange d'un accord, d'une reconnaissance de dette, d'une discussion avec le maire, quelques belles trouvailles chez des brocanteurs ou des libraires d'occasion, pour enrichir mes collections et celles de mes descendants. Il fallait bien que je m'occupe, pendant que mon épouse, sans craindre la poussière ni les odeurs de plâtre mouillé et de sueur, donnait ses instructions en italien au contremaître piémontais. Ou du moins, il fallait que je donne l'impression d'être occupé, car c'est ce qui importait aux yeux de ma famille et de moi-même, des gens du village, des autres nobliaux de la région, vieilles familles qui se débrouillaient pareillement ou qui finissaient par envoyer leurs fils travailler dans la banque à Genève, sans trop en parler. Car c'est un mauvais signe que de devoir admettre qu'on travaille, et je pouvais, grâce à Marie, continuer à organiser ma vie comme je l'entendais et feindre de ne pas me préoccuper de l'avenir de mes enfants.

Certes nous n'avons pas pu échapper aux contingences, aux événements extérieurs. Il y a eu la guerre de 1914, et nous avons perdu notre cher Rodolphe, si jeune, si beau, mort dans une mêlée confuse, sans doute pas héroïquement, étouffé dans la boue, tué par une balle perdue, emporté par une hémorragie ou par la fièvre typhoïde, je ne l'ai jamais su, nous-mêmes, Savoyards, peu convaincus de l'intérêt de défendre une patrie quelconque contre de prétendus ennemis. Et puis, il y a eu la grippe espagnole, qui a emporté la jeune veuve de Rodolphe (elle se consumait déjà de langueur, et Marie essayait en vain de la distraire en l'emmenant en voiture au bord du lac), et puis la crise, et la diminution de notre prestige, déjà déclinant depuis un demi-siècle au moins.

L'esprit révolutionnaire n'était pas arrivé en Savoie, mais l'âpreté financière, le début de la prospérité pour les vendeurs et acheteurs de terrains, l'augmentation des impôts, c'est tout ça qui nous mit aux abois. Nous qui n'avions en vérité rien demandé à personne et rien exigé non plus, sinon qu'on nous laisse tranquilles entre nos vieilles tours et nos portraits – les deux chevaliers croisés peints au XIXe siècle, les « deux Putains » du petit salon, comme on les appelait, la « tante Mono nichon » avec sa poitrine unique et blafarde, un portrait naïf de Saint François de Sales, notre illustre cousin, ne faisaient pas une galerie très resplendissante, mais nous les aimions, ils nous accompagnaient dans nos quotidiennes vicissitudes. Sur le manteau de l'énorme cheminée du grand salon (celle qui fume le plus), une frise de blasons représente nos cousinages et nos alliances, et le nôtre, d'or à la croix d'azur, figure au centre avec la devise fabriquée tardivement sur un jeu de mots en bas latin, « Intus et foras undique Crucis amor », « Dedans et dehors partout l'amour de la Croix », pour rappeler la participation d'un de nos ancêtres à quelque lointaine et obscure croisade.

Nous avons comme qualité d'être de bons chasseurs, de bons marcheurs et buveurs, des joueurs d'échec et de dames, de ce subtil jeu chinois qui s'appelle le go – mes deux petits-fils, je les ai vus jouer d'interminables parties où ils mettaient toute la persévérance et même la rage qu'ils n'avaient jamais montrées ailleurs – des séducteurs aussi, à notre façon, mais sans y mettre trop d'effort, car nous savons que l'amour des femmes demande beaucoup d'argent et d'énergie.

Mais une petite révolution est arrivée avec Marie Read. Si je l'ai prise comme épouse, c'est que je ne pouvais rester veuf avec un fils unique qui avait coûté la vie à ma bien-aimée Jeanne, et que je me suis laissé persuader par son père John, homme distingué et respectable, je dois le reconnaître. Mais combien ma douce petite Jeanne m'a manqué, toute ma vie. Peut-être était-ce le seul vrai grand sentiment que j'aie ressenti, l'amour puis le chagrin, très vite, la pauvre petite morte si jeune, sans presque rien connaître de la vie, et enterrée loin de nous, car la chapelle n'existait pas encore, dans le froid caveau d'une famille qui n'avait pas eu le temps de devenir la sienne, au grand cimetière de la ville, en compagnie de mes aïeux, Louis, Félix, Charles, aides de camp des rois d'Italie, avec leurs habits à broderies et leurs médailles.

Je ne me rappelle aucun visage, sinon, très lointain mais continuant à me hanter, moi-même pourtant devenu fantôme, celui de ma douce Jeanne que je n'ai pas retrouvée, après ma mort, comme j'en avais l'inavouable désir. Peut-être n'étais-je pas assez croyant, comme me le rappelait souvent cette bonne Marie, et elle avait raison : je ne pouvais croire aux fariboles de la religion et n'ai mis les pieds à l'église que pour me marier, pour enterrer Jeanne, puis Louis notre jardinier, que j'aimais tant et qui fut le premier mort de la chapelle. J'ai toujours détesté les prêtres, leur douceur rapace, leurs fausses promesses, leur avidité.

Oui, j'étais libre penseur, persuadé que chacun pouvait faire ce qu'il voulait et croire à ce qu'il voulait à condition de ne pas embêter son voisin ni lui donner de leçon. Je renvoyais volontiers dans le même purgatoire, parfois avec une rudesse qui choquait ma bonne épouse, le fanatique réformateur et les non moins fanatiques contre réformateurs, le honni Calvin et notre vénéré François de Sales lequel, sous son apparence de beau parleur et de distingué patron des écrivains (à cause de sa prolifique littérature, que plus personne ne lit mais dont nous avons bien sûr tous les volumes dans notre bibliothèque, à moins qu'un de mes descendants ne les ait vendus), parcourait les villes et les villages de Savoie en appelant la population à se défendre contre les parpaillots, prêt s'il le fallait à relancer une petite mais non moins sanglante Saint Barthélemy locale. Certes il a fait construire de charmantes chapelles, des églises baroques, des oratoires à saint Guérin et saint Maurice, mais je n'ai jamais partagé la dévotion de mes compatriotes, et je me moquais volontiers de la religiosité de ma femme, avec ses prie-Dieu, ses crucifix et ses images pieuses.

D'ailleurs, l'un de mes ancêtres, Michel, fut converti au calvinisme et on oublie que le Chablais était devenu protestant, sous l'influence des Genevois et des Bernois qu'ils ont ensuite combattus avec la prétendue foi de leurs aïeux. Tout cela n'a jamais cessé de bouger, la fixité n'existe pas, surtout dans les croyances et les superstitions. Les jolis petits oratoires qui parsèment nos vallées sont les traces visibles de cultes archaïques aux divinités locales, elles-mêmes mélange de dieux grecs, romains et celtes, petit Mercure ailé transformé en géant saint Christophe, ancienne déesse mère devenue, sans trop de heurts, la Vierge au manteau bleu.

Quand Marie a fait installer les salles de bains, malgré ma réprobation initiale, je fus obligé de m'incliner, à la fin, et d'admettre que c'était un indéniable progrès. Lorsque les travaux ont été enfin achevés, après des mois de poussière et de bruit, que les ouvriers ont pris un dernier verre de blanc sur la terrasse de la cuisine – je leur ai ouvert des bouteilles de Ripaille et nous avons bu, entre hommes, tandis que ma bonne épouse contemplait ses salles de bains toutes fraîches – je fis à mon tour l'inspection des lieux, et ma méfiance a fini par disparaître.

J'ai fait couler l'eau des beaux robinets de cuivre, eau brûlante qui envoyait de la vapeur et coulait avec générosité, j'ai essayé les cabinets et leur nouvelle chasse d'eau avec une poire en porcelaine, et j'ai finalement pris un bain dans l'une des vastes baignoires à pieds de lion, profonde comme un sarcophage étrusque. Marie m'attendait timidement, réservée, assise sur son fauteuil près de la cheminée. Quand je suis ressorti, encore fumant, la peau rougie par l'eau trop chaude que j'avais libéralement utilisée, je l'ai félicitée : oui, c'était le meilleur bain que j'avais pris depuis longtemps, et on y plongerait aussi les enfants, une fois par semaine, et Marie pourrait faire sa toilette dans l'autre salle de bains, carrelée de frais carreaux de ciment bleus et noirs.

Bien sûr, j'ai très vite pris l'habitude de ces longs bains, usant de toute la capacité du chauffe-eau, et laissant à la cuisinière, en bas, le soin d'alimenter le potager pour avoir de l'eau chaude le reste de la journée. La salle de bains du premier étage devint mon domaine et j'y pris un bain matinal quasi quotidien, qui pouvait se prolonger parfois jusqu'à l'heure de l'apéritif, quand j'entendais monter les voix des invités ou que Marie se permettait de frapper quelques coups à ma porte, avec sa discrétion habituelle mais une certaine autorité : elle découvrit très vite l'attrait que la nouvelle salle de bains exerçait sur moi, elle devinait la volupté de ces longues séances qui me tenaient éloigné de l'agitation du matin, portes qui claquent, enfants qui pleurent, passage du facteur et des factures, discussions avec la cuisinière. Marie se chargeait de tout ça, avec l'aide de notre bonne Violette, et l'heure du bain devint pour tout le monde une heure sacrée, avec interdiction formelle de me déranger, sous aucun prétexte (même les quelques amis qui passaient pour boire le café devaient attendre ou revenir plus tard). Seuls les matins où je partais très tôt pour chasser laissaient la salle de bains libre, et je savais que Marie en profitait pour prendre un bain – un bain court et hygiénique, le contraire du mien – ou les enfants : ils avaient après tout droit eux aussi à ce nouveau luxe, mais il est vrai que j'en fis un rituel personnel, pratiquant ce que j'appelais ma « méditation », qui me donnait le courage d'affronter la journée. J'avais exigé que le lavabo et le miroir soient installés à ma hauteur, et ma petite femme, les enfants devaient monter sur un tabouret pour s'apercevoir dans la glace.

Je sais que j'ai transmis le goût du bain à mes descendants, comme si cette prérogative était devenue un signe distinctif, une sorte de privilège accordé tacitement et reconnu par tous. Il était d'ailleurs accompagné, ou plutôt suivi, par celui de la sieste, moment qui était marqué par un interdit encore plus fort : il fallait garder le silence et tenir enfants et chiens éloignés des chambres à coucher, quelle que soit la saison.

C'est ainsi que j'ai fabriqué ma vie, par petites mais autoritaires décisions, qui influençaient toute la maisonnée et tenaient, subtilement, femme et enfants à l'écart. Je crois que Marie m'en a voulu : elle fut d'abord très contente de voir combien j'appréciais ses salles de bains, puis déconfite et ensuite, vraiment fâchée, mais sans oser le dire, de me voir y disparaître, occupant à moi seul le territoire, faisant couler l'eau chaude sans restriction, chantant quelquefois dans le bain, lisant, regardant par la fenêtre la cime des hêtres et des charmes, écoutant les oiseaux… Grâce à Marie, j'ai découvert une forme de plaisir que je ne connaissais pas, celui d'une lente et délicieuse oblitération des sens, du temps, des devoirs – les quelques devoirs que j'entretenais, car il en faut pour continuer de vivre. Mais je ne crois pas avoir fait souffrir quiconque avec ma manie, finalement assez innocente, sinon provoquer l'impatience des miens. Et le plaisir enfantin que j'éprouvais presque chaque matin à flotter dans l'eau d'abord brûlante puis tiède puis froide, sans me préoccuper de considérations morales, a contribué à apaiser mes colères et, je n'aurais osé le dire à personne, à atténuer mes chagrins secrets et mes peurs.

Ma bonne épouse connaissait mes accès de fureur, qui faisaient partie de mes attributs. Non pas que je les aie entretenus mais je les laissais sortir, comme au printemps sortent les bourgeons ou jaillit d'entre les cuisses le désir de l'homme, du chien, du cheval ; c'était dans ma nature, et plus que cela, une tradition héritée de mes ascendants et transmise aux générations suivantes. Peut-être était-ce aussi une maladie, une tare, comme la syphilis ou l'épilepsie, je n'en sais rien, et dans le grand vide qui m'entoure à présent, j'ai peine à comprendre les causes de cette ancestrale colère. Mais je me souviens du visage épouvanté de ma pauvre Marie, des domestiques, de mes filles, dont une a épousé un vieil ami, compagnon de chasse dont le mauvais caractère était légendaire et me l'avait rendu sympathique mais qui fut certainement un piètre mari. Et j'ai eu des remords quand j'ai vu ma fille pleurer, trop vite enceinte, frêle et esseulée. Pourtant, elle a survécu à ce mari irascible, mort d'une crise cardiaque alors qu'il chassait le chamois.

Il fallait bien s'endurcir et comprendre que ces rages n'étaient en réalité pas dirigées contre quelqu'un ni même quelque chose, mais qu'elles faisaient partie de l'atmosphère, du temps, des saisons. Elles venaient et passaient, comme la pluie et la grêle. Il fallait éviter de les provoquer, ce qui n'était pas facile, je le reconnais, puisque moi-même je ne savais pas toujours ce qui en était la cause; surtout, il ne fallait pas les mettre sur le compte de ma méchanceté. Car je ne crois pas avoir sciemment fait de mal à quiconque, ni homme ni animal. Et je voyais autour de moi, à la ville, au café, dans les dîners, une méchanceté beaucoup plus répandue, une cruauté quotidienne qui s'exprimait soit dans la grossièreté la plus visible, soit dans une doucereuse hypocrisie que je détestais. Certes, je cassais la vaisselle, des bibelots, des meubles parfois, j'envoyais un chien ou un enfant d'une vive taloche rouler un peu plus loin, mais je les relevais ensuite, maugréant « Vain nom, sales bêtes, sales gamins ». Marie, quand elle assistait à ces scènes, me regardait de son air de justicier, toujours droite, pâle. Elle intervenait parfois pour attraper un enfant avant que ma main ne l'atteigne et partait dignement, tandis que je restais seul avec ma fureur. D'où venait-elle ? Je ne sais pas trop, d'une mauvaise nuit, d'un repas mal digéré, quelquefois d'une discussion aigre avec le notaire ou le banquier, ou simplement de l'attitude froide de ma femme, des enfants impertinents ou trop bruyants. Un rien suffit à nous faire sortir de nos gonds, hommes et femmes, car j'ai connu ou deviné les colères de mes enfants et de mes petits-enfants, celles de la petite Henriette qui faisaient plus peur que celles de ses frères car elles semblaient monter de plus profond, d'une douleur inconnue, de blessures que dans notre simplicité d'hommes nous ne pouvions approcher. Moi, je tenais plus ou moins les rênes de mes emportements et je ne me rongeais pas trop de remords : quelque chose devait sortir, et mieux valait tout de suite l'exprimer.

J'ai vu ma pauvre Marie pâlir encore un peu plus sous ses cheveux noirs, et les enfants – mon petit Joson avec sa bonne tête ronde – fuir devant mes accès de fureur. Je n'en étais pas heureux ; j'attendais moi-même qu'ils passent, brisant quelque porcelaine, fulminant tout seul, enragé contre les éléments et leur résistance, oubliant la cause première de ma rage pour n'en garder que l'écume froide. Je ne parlais pas de ces colères, je les vivais, comme on vivait, avançant dans les saisons, réparant un toit, attendant l'été ou une visite ou une rentrée d'argent. Je ne voyais pas que l'âge me rendait plus rigide au lieu de m'assouplir, même si je gardais longtemps la souplesse de mes jambes et de mon dos, bon marcheur, bon danseur. Mais l'âme et le cœur se resserraient.

Marie s'éloignait, comme dans un tableau, petite silhouette au bout de l'allée, montant à la chapelle pour y surveiller les travaux puis y prier, parlant à voix basse à son curé. Elle est restée là, pourtant, courageusement, après ma mort, qu'elle a accompagnée avec toute sa droiture. Elle n'a pas abandonné sa famille, même quand elle s'est retirée dans sa maison du Jura. Elle invitait ses petits-enfants à faire des agapes à Lons-le-Saunier, elle trouva même pour eux un pensionnat où ils furent heureux, ce qui ne leur arriverait plus ensuite, aucun n'aimant l'école ; rétifs, impatients, indolents et pourtant, intelligents et doués, ils auraient pu faire de bonnes études si on les avait un peu encouragés.

Voilà bien encore une idée fantasque, d'aller vivre dans une austère bâtisse qui ressemblait à un presbytère, près de grottes glaciales où la légende raconte que s'étaient abritées des saintes femmes, loin de notre Savoie belle et douce et verte. Mais je n'avais plus rien à dire, la bouche scellée, en conversation désormais muette avec mes ancêtres, mon père, mes frères, mes cousins, ma chère petite Jeanne, si éloignée, devenue buée sur les vitres, perles de pluie, vapeur d'eau.

Pendant toute notre vie commune, nous n'avons jamais quitté le château, sinon pour aller à la montagne ou sur la Côte, en séjours rapides et consentis à mon épouse et aux enfants qui voulaient du changement. C'était un lien que personne ne mettait en question, une forme d'amour, sans passion, sans rébellion, comme j'aimais mes chiens et mes enfants. Je crois deviner, dans ce présent toujours neuf, auquel j'assiste mais qui n'est pas le mien puisque plus rien ne m'appartient, que l'amour a changé, qu'il est devenu plus exigeant, plus compliqué, et que les propriétés et les traditions mêmes n'y résistent pas.

Plus rien ne tient, et mes descendants errent, souffrant davantage, arrachés à leur vieille terre, doutant de leur avenir, de leur rôle, de leur attachement. Je ne crois pas qu'ils soient plus heureux de s'être affranchis de leurs liens. Je ne me posais pas ces questions, le malheur, je le connaissais, oui, mais pas le reste, le doute, l'individu seul en face de ce qu'il croit être son destin, l'affranchissement des lois archaïques: j'essayais de maintenir ce qui avait toujours existé, avec l'aide précieuse de mon épouse, qui fut honorable et digne tout au long de notre vie commune.

Et je dois reconnaître que les salles de bains de Marie ont joué un rôle crucial dans ce travail de maintien, le plus souvent invisible et ingrat. Tout le monde faisait comme si de rien n'était et les gens, qui changeaient avec le siècle, devenant plus âpres et plus grossiers, plaisantaient derrière mon dos: «Le Max, il n'est pas comme son père, lui c'était un vrai gentilhomme, mais le Max, sans l'argent de son Américaine, il aurait déjà fait faillite…» Pendant que ce monde allait à ses affaires, de plus en plus lucratives, je me plongeais dans mon bain et j'attendais patiemment que la vie reprenne son cours, sans trop de heurts ni d'exigence, grâce à ma femme, il est vrai, à sa ténacité et à sa loyauté. Car pendant ce temps, elle s'occupait de payer les factures les plus urgentes et d'envoyer les enfants à l'école, elle surveillait d'autres travaux, discutait avec la cuisinière du menu et avec le jardinier des plantations, et trouvait le temps de prier ses saints, de braves figures plates et naïves qui jamais ne sortirent de leur cadre pour prêter main-forte à qui que ce soit.

Je laissais volontiers l'intendance à mon « gouvernement », ayant accepté, le jour de mon mariage et même de mes fiançailles, que cette femme, une étrangère, ne prendrait dans ma vie qu'une place limitée et, d'ailleurs, honorable. Je l'épousais pour ne pas rester inconsolable, poussé par mon père et par mon amitié pour Monsieur Read, lui-même un distingué Américain, un diplomate qui parlait le français, un peu l'allemand et le grec, avec un élégant accent, bien plus au fait des complexités du monde que moi. J'ai dû faire figure de gendre un peu falot, apportant heureusement mon nom, mon titre de comte (tout honorifique qu'il fût), un vieux château et quelques terres. Et il arriva même quelque chose que je trouvai amusant, mais qui déplut à ma mère : le frère de Marie, un John Meredith quatrième du nom dont je me rappelle à peine la figure pâlotte, fit la cour à ma sœur Alix, et l'épousa à Rome en l'année 1900 avant de l'emmener en Amérique. Je ne l'ai plus revue, la charmante Alix, il paraît qu'elle a fini ses jours à New York, et j'entendis seulement dire que leur fils fut un pauvre enfant débile, comme si la race, des deux côtés, s'était essoufflée. Cet essoufflement ne s'est-il pas manifesté, chez nous, par notre incapacité à faire face au monde qui changeait, par notre peur, masquée sous la nonchalance, de tout changement ?

Ce fut un contrat, et nous l'avons respecté, je crois. Marie a très vite compris que je lui laissais beaucoup de liberté, et que j'en prenais. Nous avons essayé de ne pas trop envahir nos territoires respectifs, et c'est déjà une forme de respect. Nous avons eu, au début, la vie telle que pouvait la souhaiter une jeune femme de son temps, les belles fêtes au château, les voyages sur la côte d'Azur ou en Italie – pas vraiment mon idée car je n'aime que la montagne, la chasse au chamois dans les pierriers de la Dent d'Oche, les escalades avec mes amis Vuilliez et Dubouloz – les thés, les dîners, tout cet ennui de dames désœuvrées auquel j'ai très vite échappé, n'aimant des femmes que leur intimité nue et tiède volée à quelque époux étourdi, ou leur compagnie dansante et un peu éméchée, mais pas ces rencontres de jupons empesés et de regards levés vers un ciel vide, de bavardages creux. « Les femmes, ça babole », ai-je toujours dit, et c'est vrai, elles parlent pour chasser leur ennui, pour remplir les longues heures de journées inactives. Je me faisais un plaisir de les taquiner au sujet de leur piété, comme sur celui de leur gourmandise qu'elles cachaient mal sous des airs distingués.

En réalité, la distinction m'a toujours ennuyé, j'aimais l'odeur des animaux et du corps vivant, suant, jouissant, et toutes les simagrées apprises à ces pauvres jeunes filles me dégoûtaient. J'avais espéré que Marie se révélât d'un corps plus délié, d'un esprit plus vif, et j'y travaillai avec une certaine assiduité, au début de notre mariage, souvent me remémorant l'exquise beauté de ma douce Jeanne, son abandon miraculeux qui venait de quelque chose en elle qui n'avait pas été gâté ni bridé, et qui s'ouvrait sous mes yeux, sous mes mains comme les fleurs du grand magnolia, blanches et roses, au parfum de vanille. Mais j'ai vite compris que Marie n'était pas de cette trempe, soit par dégoût naturel des élans du corps, soit par une éducation rigide (qui n'avait pas l'air de venir de son père, homme ouvert, curieux, cultivé, mais sans doute de ses meilleures années passées au couvent). Je ne me lassais pas de moquer nonnes et moines et curés, malgré la mine fermée, ou à cause d'elle, de ma pauvre Marie. Elle pensait défendre ainsi son territoire, mais je le lui concédais d'autant plus volontiers qu'il valait mieux avoir une épouse pieuse et loyale qu'une femme hargneuse et médisante. Je m'accommodais de la piété de mon épouse comme elle s'accommodait de mes humeurs, tempérées je dois le dire par une affectueuse amitié.

Malgré mes colères et mon apparente assurance – il fallait bien que je joue un rôle – j'étais de nature casanière et hésitante, caractère que j'ai retrouvé chez mes descendants mâles, comme si quelque chose en nous c'était arrêté, un élan, une vitalité, peut-être même le courage (je peux le dire maintenant que je ne suis qu'une ombre et qu'aucune vanité ne me retient plus). J'aimais mes habitudes, je m'y accrochais, j'en faisais des lois, régnant sur mon petit royaume et ne soumettant, en fait, personne d'autre que moi-même à ma tyrannie.

J'ai pourtant vu chez mon fils apparaître une touche aventureuse, qui venait certainement du côté américain: il aimait les grands espaces, la frugalité des voyages, les livres, la musique de jazz, ces Noirs qui faisaient sortir nos valses et nos gavottes de leurs gonds. Il aurait pu retrouver la trace de ses ancêtres, qui n'étaient pas les miens, son sang plus vif venant de pionniers irlandais qui s'étaient mélangés, j'en étais sûr, avec les Peaux Rouges de leur nouvelle patrie. Si je l'avais encouragé, si sa mère avait elle aussi cultivé cet héritage au lieu de le laisser en jachère – elle avait pris les mauvaises habitudes de notre famille, les terres en friche augmentant de génération en génération – mon fils Joson, avec sa belle stature et son caractère avenant, sa curiosité, aurait pu faire des études de géographie, d'histoire, d'ethnologie ou de langues. Il parlait bien l'anglais, que je n'ai quant à moi jamais entendu, refusant d'apprendre «le sauvage», préférant l'idiome des vallées de mes amis chablaisiens à cette langue internationale aux sonorités molles.

Oui, mon fils avait le sens de l'aventure, que nous n'avons pas nourri, et il s'est retrouvé pris au piège ici, dans le château, en compagnie de sa jeune et belle Dora qui, avec son intelligence et son talent, aurait pu elle aussi mener une autre existence. Mais la tradition et la dissipation ont été les plus fortes, et Dieu sait si je connais, pour l'avoir pratiquée toute ma vie, la force d'inertie. Le toit fuit, la peinture s'écaille, les canalisations gèlent, la cheminée fume, mais nous restons là, par un atavisme aussi puissant qu'inexplicable, à observer la lente chute des choses, mi-découragés, mi-ironiques.

Alors je me replonge dans mon bain, gaspillant toute l'eau chaude, attendant le dégel, et que ma femme, avec sa sagacité moderne, trouve une solution. Bien sûr, dans l'éternelle procrastination qui m'est dorénavant offerte, j'ai le temps de regretter que mon fils, et ses fils, et même sa fille, pourtant la plus douée des trois et la plus brillante, ne soient pas sortis du monde étroit où nous tournions, attendant la catastrophe finale sans hâte, prétendant que, forts de nos principes ancestraux et d'une certaine chance, rien de vraiment important ne pouvait arriver. Et c'est vrai, rien de grave n'est arrivé, si ce n'est la mort des vieux et des moins vieux, la vente du château et de la propriété, l'oubli des noms, la dispersion des biens et des récits, l'errance des fantômes.

La chapelle tient encore debout, construite par Marie pour mes ancêtres et pour nous, avec quelle étrange loyauté envers une famille qui n'a jamais montré beaucoup de gratitude. Tout autour, les villas avancent, avec leur crépi rose, leurs baies vitrées, leurs piscines, leurs antennes qui ressemblent à des soucoupes volantes, leurs barbecues. Toutes ces choses que je n'ai pas eu le temps de vraiment connaître, les voyant arriver de loin, sans y croire, les routes de plus en plus bruyantes, les radios, les avions, moi qui vivais encore dans un monde lent de fontaines, de chevaux, de sentiers, de forêts, de silence : on n'entendait que la cloche du village, puis la nôtre, celle qui appelait au déjeuner les enfants dispersés, celle de la chapelle, claire et joyeuse, et c'étaient des sons légers, emportés par le vent, avec ceux de toutes ces voix maintenant oubliées.

Ce qu'il restera, bien après nous, ce sont les pierres, couvertes de mousse, lézardées ou descellées. Les pierres sont résistantes, elles s'adaptent, supportent la pluie, la neige, le vent. Et même si les toits s'écroulent, ce qu'ils finissent par faire – on ne connaît pas de monument très ancien qui ait gardé sa toiture, les temples laissent passer l'air et la lumière – demeurent longtemps, plus longtemps que nos vies, celles de nos aïeux et celles de nos héritiers, les murs avec leurs traces de fenêtres et de portes, les tours, les escaliers qui ne mènent plus qu'à la vaste trouée du ciel. Pourtant, que de temps et d'argent passés à l'entretien des toits, cette fragile couverture dont tout dépend, notre vie modeste et besogneuse et vaine. Ces toits ont toujours été un souci, une constante préoccupation ; nous en parlions au pluriel car ils étaient nombreux, pas seulement celui du château avec ses pans aigus, mais ceux des dépendances, des appentis, des cabanes, de la chapelle.

Il restera aussi les tableaux de ma bru, la belle Dora, dont j'ai pu voir par-dessus l'épaule du temps les paysages, les natures mortes, les portraits de notre famille, et ce château peint à la spatule, je crois, surgissant derrière les arbres encore nus, fin de l'hiver, tout début du printemps, quelque chose frémit, une touche de vert tendre au milieu des gris et des bleus pâles ; on devine ce que nous appelions le « rustique », sur la droite, cette bâtisse un peu ridicule avec ses colonnes blanches, aménagée pour y loger ma fille Huguette qui rêvait de maisons américaines aux portiques néoclassiques posées sur leur pelouse, on voit l'allée bordée de ses gros buis ronds, un pan de ciel et les branches griffues qui entourent le château comme des bras. Quelle Belle dort dans ce petit château savoyard, attendant que le printemps arrive enfin et avec lui, un grand coup de vent salubre ? Quel chevalier oublié apportera la vie, qui n'est pas encore sortie de la gangue brune de l'hiver, qui veille en frémissant, la vie vivante, pétante, éclatante ? Mes ancêtres, moi-même, mon fils et son fils, le dernier comte et le dernier propriétaire des lieux avant liquidation, nous avons en réalité essayé de tenir la vie hors des murs du château, de la rejeter dans l'espace indécis et foisonnant des arbres, des buissons, des talus crissant de grillons en été, des bassins où stagne l'eau avec ses têtards, quelques poissons rouges oubliés dans la vase, des taillis et des sous-bois que j'ai toujours respectés : ne pas trop tailler ni couper, laisser la nature faire son œuvre, avec ses odeurs amères, ses épines, ses ronces, ses orties, sa dureté de coquille, sa mollesse de larve.

Oh ! Oui, quelle terre à limaces, à escargots, à fourmis, à musaraignes, à hérissons, à rouges-gorges, à hiboux que notre modeste enclos ! J'aimais les oiseaux, leurs chants au début du printemps, la fauvette, la mésange, le pouillot, la sittelle et puis le rossignol, le merle, le martinet, leurs appels joyeux pendant les longues soirées d'été, sous les tours. Souvent, j'emmenais les enfants dans le bois des Nymphes écouter les chants des oiseaux et patienter longtemps, dans le froid du matin ou du soir, pour voir passer très vite l'aile jaune du loriot ou la gorge rose du bouvreuil. Nous avons aussi vu passer en grands bonds gracieux une biche, échappée des bois de Ripaille (j'appelais alors le garde-chasse qui venait la chercher avec ses chiens), des renards, une famille de sangliers.

« Vous êtes un sauvage », me disait Marie, et elle fronçait le nez quand l'odeur de laine mouillée montait à ses délicates narines. Je lui répondais en riant que j'allais prendre un bain, et elle haussait les épaules : elle ne pouvait me battre sur le terrain de la mauvaise foi, mais je connaissais aussi son affection et sa droiture, et je la serrais quelquefois dans mes bras, la soulevant de terre et écoutant avec délice ses cris effarouchés. Ma petite femme, dont je sentais les côtes sous mes mains et dont j'aimais froisser les dentelles.

Mais dedans, entre les murs épais toujours frais, je ne voulais pas trop de bruit ni d'agitation ni de parfums – j'ai toujours détesté ces bouquets dont Marie se croyait obligée de charger les guéridons, préférant la nature au-dehors, dans son espace à elle, pivoines écrasées par la pluie, tournesols ployant sous leur propre fardeau, dahlias échevelés, minuscules et odorantes violettes que je reniflais, à croupetons dans l'herbe encore jaunie de mars. Calme imposé aux enfants, qui ont tout le jardin pour courir et crier, silence d'avant le téléphone et la radio, silence d'avant toute cette machinerie électrique qui a depuis envahi l'espace. Et dehors, le merveilleux bruissement des arbres, les appels des oiseaux, sans tondeuses ni pétarades d'automobiles. J'ai connu encore ce monde d'avant la machine, ma vieille Panhard rarement sortie du garage et produisant des sons organiques de digestion difficile, des hoquets, des rots, des pets qui faisaient rire toute la famille et m'inquiétaient souvent. Les hennissements, les mugissements, les aboiements des chiens et le chant des coqs de la ferme, quelques très rares motocyclettes, un petit avion, encore plus rarement, que nous sortions tous regarder et qui passait plus lentement qu'un cygne au ras des cimes, bruissant comme un coléoptère.

Dans le château, la nuit, j'écoutais les bruits familiers, craquements des planchers, vent dans les conduits de cheminées, quelque volet battant contre le mur, parfois le galop rapide d'une souris et, événement dont nous nous souvenions d'une génération à l'autre, le pas solennel d'un grand-duc dans le grenier, qui me faisait monter en chemise, une bougie à la main, pour admirer ce splendide visiteur et rassurer ma femme, qui pensait à un voleur, tandis que les enfants croyaient au fantôme de quelque malheureuse princesse enfermée depuis la nuit des temps dans son donjon, ce que je ne démentais pas tout à fait, car il faut savoir entretenir les contes et garder vive l'imagination de ces petits. « Mais les fantômes ne font pas autant de bruit » leur disais-je en riant,

« ils se glissent sous les portes et viennent souffler un air froid sur votre visage, ou s'asseoir sur votre lit pendant que vous dormez, ou déplacer des objets, souvent farceurs, un peu inquiétants mais jamais méchants. »

Avec l'arrivée de la tuyauterie moderne, toute la maison s'est mise à glouglouter, à gémir, à soupirer, à hoqueter, l'explosion du chauffe-eau accompagnait chaque ouverture d'un robinet d'eau chaude, sans parler des cabinets, jusque-là faisant silencieusement leur office, qui ont commencé à chanter eux aussi, avec d'interminables coulures et fuites. J'écoutais ces borborygmes, le soir, avec une exaspération contenue, me souvenant que c'était le prix à payer pour l'arrivée de la modernité dans notre vie. Le plombier est devenu aussi important que le charpentier et, tandis que les ouvriers encordés réparaient une gouttière ou reposaient les tuiles déplacées par la tempête, le plombier se plongeait dans les entrailles tièdes de la maison, autant dire dans les nôtres, sous la surveillance sévère de cette bonne Marie qui était bien décidée à ne laisser, de son vivant, aucun tuyau percé ni aucune baignoire rouillée ni aucun ballon d'eau chaude s'échapper et s'envoler dans les airs.

Moi, je regardais le ciel, humais le vent par la fenêtre, graissais ma carabine et sifflais mes chiens; je me préparais du tabac, une gourde d'eau, un peu de gniole dans une fiasque, une miche du bon pain noir de Tréboux le boulanger (le frère du fermier), un morceau de tomme et du lard, et j'annonçais mon départ pour la journée. Ainsi, je ne verrai pas les ouvriers plonger dans les tuyaux bouchés et dans la fosse septique, en retirant les racines entremêlées des queues-de-renard, je fuirai une fois de plus les récriminations de mon épouse, ses comptes méticuleux, son inévitable migraine à la fin de la journée, tandis que la brave Violette tâchait de garder les enfants loin des fosses et des outils tranchants.

Je n'ai jamais aimé l'intrusion des ouvriers, parlant fort, laissant des traces de plâtre et de boue sur les tapis, et encore moins leurs indiscrètes auscultations de l'intimité du château. Mais je dois reconnaître que Marie était remarquable, toujours droite, donnant des ordres de sa voix nette et précise, offrant des rafraîchissements (de la limonade en été, un verre de vin en hiver, seulement à la fin de la journée), discutant avec le maçon des Abruzzes qui ne parlait que son patois. Elle parlait assez bien l'italien, qu'elle avait dû apprendre auprès de sa mère ou d'une nonne turinoise, pour se lancer dans des discussions serrées ponctuées de mouvements des mains et de la tête. À ces moments, je l'admirais, sa fermeté, son aisance face à ces hommes taiseux ou volubiles, son courage devant l'ampleur des travaux, car elle n'avait peur ni des odeurs ni du bruit, et c'est finalement le soir venu qu'elle se retirait, un peu pâle, et demandait à Violette de lui monter un bouillon. J'étais en réalité plus délicat, plus difficile, sous mes airs bougons cachant de véritables peurs aux origines lointaines et indicibles, des tumultes que j'apaisais en sortant faire de grandes marches.

Je flotte dans ce présent sans limite, comme je flottais alors dans mon bain. Je me préparais peut-être, sans le savoir, à cette interminable, inépuisable attente, qui n'en est pas vraiment une puisque je n'attends plus rien ni personne. J'avais si souvent imaginé, moi l'incroyant, retrouver ma douce Jeanne que c'en était une sorte de consolation, une promesse pour un indistinct avenir, le contrepoids, léger puisqu'il ne pesait rien, ce rêve, à l'existence dure et résistante et opaque. Dans mon bain, lors de mes promenades et de mes chasses, dans la veille active du corps et dans le sommeil (que j'ai toujours eu mauvais, comme si une partie de moi ne voulait pas s'abandonner), je n'ai pas cessé de penser à ma jeune morte, presque oubliée de tous dans son caveau. Dans les bras mêmes de mon épouse, les yeux mi-clos, je laissais monter en moi le chagrin et le plaisir. Et voilà que devenu ombre, comme mes deux femmes, je reste éloigné d'elles, pris dans une nuée invisible, plus seul même que lorsque j'arpentais la terre : personne ne me rend visite, mes chiens fidèles ont été avalés par la nuit, enterrés sous les buis amers, nos ossements s'effritent loin de nous, ni rassemblés dans une fraternité pourrissante et joyeuse ni, comme l'assure la promesse évangélique, ressuscités en corps glorieux, assis à la droite du Père.

Je ne vois rien que le ciel, la pierre, les arbres à travers un nimbe coloré, une sorte de prisme tremblant.

Je flotte au-dessus des toits, seul et libre, ni heureux ni malheureux, délivré il est vrai du poids du passé, du devoir, des soucis matériels. Je remarque le mauvais état du toit de la chapelle, mais qu'y puis-je? Nos descendants sont partis ailleurs, l'herbe folle est arrachée par de vigoureuses petites chèvres brunes et blanches, les arbres tombent, allumettes, dominos. C'est ce qui me fait le plus de chagrin, même si c'est un chagrin atténué par la distance : j'ai aimé les arbres, chênes, frênes, tilleuls, noyers, nos beaux fayards savoyards dont les faines craquent sous le pied en automne (je me souviens de cette sensation et du goût farineux de la petite graine qu'on croque, nourriture de promeneur et de chasseur qu'on partage avec les écureuils). Oui, j'ai aimé les forêts glissantes de l'automne, les mousses, les sous-bois semés de framboisiers et de fougères, l'odeur du gibier mêlée à celle des champignons, plus que tout, plus que mes femmes et plus même que le château, ses pierres grises rehaussées du vert pâle des lichens. Les bois tout frais d'avril qui sentent l'ail sauvage et le narcisse, et le froid qui monte de la terre encore noire de vieilles feuilles, c'est ce qui me manque dans mon infinie solitude bleue. La pierre même devient bleue, et les vitres où je ne me reflète plus, et le ciel pervenche : c'est encore le printemps, c'est toujours le printemps, cette saison délicate et douloureuse qui peut nous voir basculer vers la joie ou vers le désespoir, en quelques minutes.

Les animaux que j'ai tués, jamais plus d'une grosse pièce à la fois, je l'ai fait sans plaisir mais avec une intensité passionnée, comme pour chaque fois revenir sur ma peur et mon dégoût. Ce que j'aimais, c'était l'espace autour de moi, l'air et la lumière et le vent et la pluie sur mon visage, la bonne sensation de fatigue, les mollets qui tirent, les avant-bras alourdis par le fusil, la gibecière battant les côtes, le casse-croûte sommaire mangé sous un auvent de roches, à l'abri d'un orage violent et passager. Je chassais le chamois et le bouquetin en montagne, le sanglier et le chevreuil en plaine, quelquefois un cerf, donnant des ordres brefs aux chiens, me taisant devant la curée, le sang très vite noir, les beaux yeux liquides qui jetaient un dernier éclat avant de s'éteindre et devenir durs comme du verre. Je leur parlais, aux animaux, et les massacres que j'avais accrochés aux murs du grand salon, andouillers de cerfs, cornes de bouquetins et de chamois, étaient pour moi, dans leur énigmatique présence blanchie et creuse, un rappel de notre passage à travers cette vie rapide comme la course d'une biche, plutôt que l'exaltation de mes exploits cynégétiques.

Marie bien sûr n'aimait pas ce rituel qui laissait sur mes vêtements et dans mes cheveux une odeur de sang, de poils mouillés, d'entrailles fraîches. Car j'ouvrais les animaux avec mon ami Vuilliez, nous les dépecions, honorablement faisant face à l'horreur organique, les viscères déployés comme un éventail, le cœur, les poumons, les rognons, leur chaleur douce et écœurante; j'en nourrissais mes chiens, en récompense, et c'était une rage, des grondements, des canines mordant dans les intestins, tandis qu'assis sur un rocher je fumais ma pipe, écoutant l'apaisant chant des oiseaux, à ma façon remerciant le créateur pour cette beauté cruelle, pour l'élasticité de mes membres et la douceur de ces yeux qui se fermaient pour toujours, et la férocité de la vie qui se nourrit de la mort.

Mais cela, Marie ne le comprenait pas, et j'avais beau lui dire en riant que dans son sang sûrement courait du sang indien et que de vifs chasseurs, sur leurs terres ancestrales, avaient traqué ainsi le coyote et le loup, l'ours et le chevreuil, elle me considérait de son air réprobateur, soupirait, repoussant la sauvagerie le plus loin possible de son territoire, qu'elle voulait garder propre, fonctionnel, ciré, aéré et parfumé.

Je riais, car mon sang avait circulé plus vite, j'avais eu moi aussi le cœur battant de poursuivre la bête, de viser son flanc fauve, de tirer, toujours le doigt un peu tremblant, conscient de l'audace de mon geste : qui étais-je, au fond, pour décider du droit de vie et de mort sur une créature si vivante, si agile, si libre ? Oui, je prenais avec sa vie un peu de sa liberté, je m'en nourrissais autant que de sa chair, souvent coriace et que la cuisinière mettait à mijoter pendant des heures, avec des baies de genièvre, du poivre et du laurier, sur un coin du potager. Et j'invitais le soir mes amis de chasse à partager ce dîner fastueux de viande noire au goût de forêt accompagnée d'une petite mondeuse, tandis que Marie et les enfants mangeaient des nouilles et du fromage.

Peut-être alors avais-je le sentiment d'exister,

quand je marchais et traquais les bêtes et sentais l'odeur de leur sang, d'être relié à un temps plus vaste que celui de ma vie, à une terre, à un paysage plus encore qu'à un nom et une histoire familiale. Mais tout cela finalement ne faisait qu'un et, à ma façon, je perpétuais la tradition de mes ancêtres, marchant dans leurs traces, sur la neige, dans la boue, dans l'herbe trempée de rosée à l'aube quand tout dormait et que mon âme était plus légère que buée. Je sentais dans mon corps que l'existence avait un sens qui ne dépendait pas des demandes extérieures : elle était pure et sonore et odorante, et cela, je crois, m'a tenu vivant. J'étais très ancien et très jeune, et plus aucune des contingences de la vie quotidienne ne me pesait. J'oubliais jusqu'à mon nom et mes obligations, les tours du château s'éloignaient et avec elles, l'angoisse toujours présente. Je pouvais respirer au rythme de la marche, m'arrêter quand bon me semblait, siffler les chiens et attendre, dans le matin palpitant, qu'apparaisse la vie, haletante, proche, immédiate.

J'étais un homme intègre, un animal moi aussi, un très ancien chasseur-cueilleur, un homme de Cro-Magnon disais-je à Marie, qui ne riait pas. Nous n'avons pas assez ri, je crois, mais mon bonheur a été vif et secret et presque silencieux, voilà ce qui m'a donné le courage de ne pas renoncer à la difficile condition de vivant. J'ai légué à mes descendants des soucis à la fois matériels et spirituels, oui, c'est vrai, je les ai abandonnés à leur sort et ne suis désormais plus d'aucun réconfort, plus d'aucune utilité : mes os s'oublient sous la chapelle, qui reste seule sur sa butte herbeuse, bientôt son toit effondré accueillant enfin la lumière et les oiseaux, la pluie et la neige. Nous nous envolerons tous, alors, père, mère, épouse, fils et filles et il n'y aura plus de lourdeur, plus de regret : nous serons tous, les morts et les vivants, libres, comme ce chasseur que j'ai été, comme nos lointains frères indiens.

Et nous, nous sommes vivants, dans ce coin de pays verdoyant d'où vient la famille de Marie Read, un petit paradis de collines, de lacs et de prairies dont les habitants originels ont été chassés, comme il se doit de tout paradis, comme nous, famille à bout de souffle, avons dû quitter notre jardin broussailleux de Haute-Savoie où vivaient en paix le rossignol, la chouette, le chardonneret et le coucou, où nous allions cueillir, enfants, la fraise et la framboise, la mirabelle et la merise. Où j'ai été heureuse, à l'ombre des vieilles tours et des rites familiaux, avant que le monde extérieur ne fasse irruption et avec lui, les courants, les dangers, les musiques, la vie plus large, la mort aussi. Mais nous avons été des enfants très protégés, un peu sauvages, croûteux et couverts de bleus, jouant à perdre haleine et sans d'autre souci que le soir qui tombait et allait interrompre nos jeux. Le cœur des jardins et des bois battait toujours et personne ne demandait de comptes à notre liberté, sinon quand il s'agissait de ne pas empiéter sur le territoire des adultes. Il y avait assez de place pour que chacun construise sa cabane et se retire quand il voulait bouder, rêver ou pleurer – peut-être était-ce cela, le bonheur ? J'ai gardé de cette enfance le goût de la rêverie, des friches et des oiseaux, et de mes ascendants celui de la sieste et du bain.

Les Mohicans, de leur côté, poursuivent leur existence, pour moi inconnue, une existence hybride, adaptée aux conditions nouvelles qu'on leur impose depuis plus de trois siècles. Ils participent eux aussi au profit, jouant dans leurs casinos détaxés au grand jeu de l'argent qui sonne dans les entrailles mortes des bandits manchots, rangées lumineuses et mornes devant lesquelles sont assis des milliers d'Américains de tout âge et de toute condition, surtout des retraités, qui vont dans ces lieux désormais ouverts à tous dépenser leur maigre rente et repartir avec assez de monnaie pour continuer de jouer. Patrons de leur casino du Wisconsin, les Mohicans observent ce ballet sinistre, en apparence seulement inoffensif, sans doute avec un certain cynisme, car ils savent que la manipulation constante de l'argent pour lui-même souille à la fin les mains et les esprits : il n'y a plus de vitalité, plus d'échange sinon de l'argent contre encore plus d'argent, des caisses qui se remplissent, des coffres-forts où s'empilent les billets dont on espère qu'une partie en tout cas servira à l'éducation, à l'apprentissage de la langue, des coutumes, des cérémonies. À moins qu'il ne serve juste à engraisser ce qu'il reste de clans, les fixer encore davantage à un sol qu'ils n'ont pas choisi, les maintenir dans une existence qui leur échappe ; car le contrôle est en réalité illusoire et les casinos qui fleurissent un peu partout sont une autre version de Disneyland, l'éternel pays d'un jeu qui a perdu son caractère ludique et donne aux vieillards l'air triste d'enfants jamais satisfaits, qui veulent toujours quelque chose d'autre, sucette, bonbon, glace verte ou bleue, jouet en plastique qui sera oublié sur une chaise ou dans la rue…

Si j'ose un rapprochement entre les tribus amérindiennes dispersées et dépossédées et notre famille, tant américaine que savoyarde, ce n'est pas par un romantisme qui m'aveugle. J'y vois plutôt du romanesque, le roman d'une déchéance historique et humaine, inéluctable si on la regarde d'un peu haut : les terres changent de propriétaire, les ancêtres sont oubliés, leurs noms et leurs actions s'effacent (savons-nous combien d'Indiens morts peuplent l'Amérique, combien de fonctions, de titres, de noms oubliés ?), les maisons se vendent et s'achètent, parfois finissent par s'écrouler. Cependant, un fossé infranchissable nous sépare, les Indiens et nous, non seulement celui du temps et de l'histoire qui les ont décimés et nous ont laissés intacts, même si un peu ébréchés, mais aussi celui de la propriété : elle demeure pour nous, ne serait-ce que dans le souvenir, un lien à la fois concret et symbolique, terres, maisons, château, chapelle, tombes, services en argent, chandeliers, certificats, lettres et diplômes, portraits et photographies. Nous transportons avec nous, où que nous soyons, des traces visibles de toute cette accumulation, dispersée certes, parfois vendue, perdue ou volée, mais tout de même, il nous reste un héritage, anachronique, inutile, en partie immatériel, pesant et rassurant.

Rien n'a été préservé, jamais, nulle part, ni dans l'étroit pays savoyard de montagnes et de lac, ni dans les vastes étendues américaines où l'on aurait pu imaginer pourtant que chacun puisse trouver sa place sans massacres ni déportations ni déforestations massives. Je sais bien que la tragédie des Indiens ne peut être comparée au sort de notre famille : comme une rivière qui entre et sort de son lit, comme le niveau du lac qui monte et s'abaisse, nous avons été là, quelques saisons, et le vent, la pluie, le ciel pommelé de printemps nous poussent maintenant ailleurs. Ma vieille famille s'est en effet laissé doucement tomber, comme un fruit blet, sans grand heurt, ou alors, ce sont des secousses intimes dont je ne peux connaître toutes les nuances : c'est une chute lente, douloureuse peut-être, mais attendue, provoquée par la pression extérieure autant que par une incurie séculaire, et acceptée par les nouvelles générations, par impéritie, par fatalisme. Si je compare notre tribu disséminée aux derniers des Mohicans, c'est que son monde s'est essoufflé, faute de renouvellement, d'imagination, d'élan, mais ce n'est pas parce qu'un pays entier l'a chassée de son modeste territoire, qu'à vrai dire personne ne convoitait vraiment. Ma famille s'est laissé aller, après le sursaut de modernisation apporté par Marie Read, après l'apport d'oxygène qu'ont constitué son argent et son énergie. Après quelques raccords et beaucoup de rafistolages plus ou moins honorables, elle a jeté l'éponge, conservant je le sais, pour certains, une amertume qui est celle de la défaite : le lien quasi sacré qui existait entre la terre et le nom s'est défait, et chacun s'est reconstruit comme il peut une vie ailleurs, exilée à Paris ou dans d'autres provinces, tournant autour de la perte du château comme d'un événement non pas fondateur mais destructeur. Pourtant, le fil qui nous retenait à ce lieu était devenu bien ténu, et je sais qu'en sortant de notre domaine enchanté et pourrissant, nous avons, chacun à sa manière, retrouvé l'air et l'espace, le vent vif, le risque aussi de se tromper et le danger, toujours présent, de retomber dans la vaine nostalgie d'une époque qui ne fut jamais bénie, mais embellie par les récits et les mythes.

III

Le bois des Nymphes

C'est loin du château et de la Savoie que j'ai été le plus heureux, avant le mariage et les obligations de famille, qu'on ne choisissait pas, qui semblaient se transmettre sans intervention personnelle, avec quelques changements dus aux circonstances plutôt qu'à de réelles inclinations. Qu'avions-nous choisi, depuis trois cents ans que la famille vivait sur ces terres, dans ce petit château savoyard ? Pas grand-chose, quelques aventures, quelques femmes, quelques amis, mais ni les mariages ni les enfants, ni le lieu ni le climat ni la région, ni la pluie ni la neige, ni les fêtes ni les deuils, ni les ennuis financiers et la lente décrépitude. On avait connu des sursauts, comme le mariage de mon père Max avec ma mère Marie et l'apport considérable de sa dot, qui donna au château, à la vie quotidienne un élan et un éclat dont j'ai connu les derniers feux. Il y avait bien eu parmi mes aïeux des chevaliers, des hommes de cour, des érudits, mais rien vraiment de très glorieux ni de très remarquable. Personne ne se souviendra de nous, si ce n'est les quelques amateurs d'histoire locale, et ça n'a aucune importance.

Moi, en tout cas, j'ai déjà disparu, enterré comme mes ancêtres sous la chapelle, rejoint bien des années plus tard par mon endurante épouse, devenue si lointaine que nous n'avions aucune chance de nous retrouver même si nous avions cru en une vie paradisiaque et éternelle (mais ni elle ni moi ne pouvions imaginer une chose aussi risible, des retrouvailles après la mort dans la gloire d'un corps ressuscité entouré de petits anges joufflus qui jouent de la trompette et de la harpe). J'ai été pleuré, je le sais car je me promenais encore parmi les vivants, hantant les bois avec le fantôme de mon chien : j'ai vu les larmes de ma fille et celles de mon gendre, mon cher Louis, qui était fantaisiste, intelligent, doué et tendre. J'ai essayé de consoler, de loin, la petite Josette, jeune femme un peu perdue que j'avais prise sous mon aile ; ma « protégée », comme disait ironiquement ma femme, venait une fois par semaine au château pour des cours d'anglais, touchante avec son teint pâle et ses grands yeux bleus si vite remplis de larmes, souffrant depuis l'enfance d'une scoliose qui lui déformait la colonne vertébrale et l'obligeait à porter un corset. Elle a continué, fidèlement, à déposer sur le seuil de la chapelle un pot de chrysanthèmes à la Toussaint, se souvenant de moi, la bonne âme, alors que j'avais depuis longtemps quitté ces terres.

Dans ma jeunesse, j'étais parti faire le trappeur en Alaska, du moins c'est ce que j'ai raconté à ma famille. J'étudiais à l'université de Princeton sans grande conviction, même si j'appréciais la liberté de ton des étudiants, leur gaieté, la musique, les jolies filles aux jupes courtes, les clubs où on fumait des cigares et où je pris le goût de la pipe, où on buvait du vieux brandy de contrebande. Ma mère avait dû payer fort cher ces embryons d'études de droit que je n'avais jamais terminées, espérant que je devienne peut-être un jour sénateur comme son illustre trisaïeul George Read, ou du moins professeur. « Mais vous êtes tous pareils », disait-elle, « vous ne faites jamais rien jusqu'au bout, vous n'avez aucun sens de l'effort, de la discipline. » Elle avait raison, bien sûr, et regardait son mari d'un air de reproche, et nous ses enfants, surtout moi, le garçon qui aurait pu relever l'honneur de la famille, avec tristesse.

Mais j'ai préféré partir vers le nord, j'ai pris des trains et des autobus qui s'arrêtaient dans de sordides villes minières, jusqu'en Alaska où je ne fus pas plus trappeur que ça. J'entretenais la légende à mon retour auprès de ma jeune femme (il fallait bien l'impressionner par quelque exotique exploit, elle qui venait de la capitale où elle avait fréquenté la bohème de Montparnasse). Je vagabondais en lisant des ouvrages sur les Indiens, m'arrêtant dans des bourgades qui puaient la graisse de phoque, rencontrant des aventuriers plus coriaces que moi qui m'apprirent deux ou trois choses sur la vie. Je suis resté longtemps dans un hameau de tôle au bord de la banquise, chassant et cuisinant avec les membres élargis d'une tribu décimée par la fièvre et l'alcoolisme ; j'écoutais leurs mélopées nasales, je dormais sous le ciel d'une clarté presque surnaturelle. J'aurais pu y demeurer, séduit par les visages ronds, les femmes trapues et lestes, dont une m'accepta sur sa couche de peaux et avec laquelle je découvris que le corps pouvait être libre et joyeux. Son père, un homme sans âge et sans dents, me traitait avec affection, comme un futur gendre, et quand la famille a commencé à parler d'union, je me suis dit qu'il était temps de rentrer, en prenant mon temps, descendant vers le sud le long des grands fleuves, reprenant sans me presser le chemin de la civilisation, c'est-à-dire de New York. La redoutable tante Emily, sœur de ma mère, m'y attendait, pleine de réprobation devant mes errances et mon teint cuivré de « sauvage » comme elle disait, et pourtant prête à m'introduire dans la bonne société. J'ai dansé à quelques bals au son du charleston, un peu ivre de tout ce bruit après le grand silence du nord.

Puis j'ai quitté finalement l'Amérique, rappelé par mon père. J'ai retrouvé le domaine savoyard, la pluie, les arbres et les oiseaux qui étaient les seuls à m'avoir manqué. Mes parents avaient déjà arrangé une rencontre avec Mademoiselle de Chevilly, jeune fille toute fraîche arrivée de Paris, avec son béret de peintre et ses cheveux courts. « Tu sais que tu es l'héritier du nom et du château », m'avait dit mon père, un de ces soirs de vent d'ouest où toutes les cheminées hurlaient et fumaient. « Tu as voyagé, c'est bien, tu as appris l'anglais, connu un peu le monde, et je pense qu'il est temps, à bientôt trente ans, de te poser ici, de te marier avec cette charmante Dora, qu'en penses-tu ? Ses parents sont très bien, sa mère est fragile des nerfs mais intelligente, son père est diplomate, il est cosmopolite, comme toi, vous vous entendrez bien. Moi, je suis de la vieille école, mon monde disparaît, mais toi, tu peux encore faire de belles choses. » De belles choses ? Je ne voyais pas très bien, je me sentais déjà pris dans la lenteur des habitudes, dans l'indolence familiale.

Ma mère même semblait avoir perdu de sa pugnacité, mais elle comptait sur Dora, sa future bru, pour redonner un peu de lustre au château. « Vous avez encore de l'argent, ne le dépensez pas inconsidérément, profitez-en pour continuer de bien entretenir le château, la ferme, les jardins, et offre à ta fiancée une belle vie, mon garçon, qu'elle ne s'ennuie pas trop dans ce… » Je ne sais pas ce que ma mère voulait dire, ce trou, ce puits sans fond, cette province morne ? Elle allait bientôt se réfugier dans sa maison du Jura, après la mort de son mari, où elle recevrait ses petits-enfants avec beaucoup de générosité. Elle n'a plus voulu vivre au château, nous laissant, Dora et moi, y habiter à notre guise. Ma femme a commencé à peindre et moi, j'ai continué mes promenades, tandis que l'argent qui restait fut très vite dépensé en fêtes, en voyages, en toits et en gouttières, en cuisinière et jardinier, en écoles privées pour les enfants, qui pourtant restaient rétifs à l'éducation et à la discipline.

J'ai passé mon enfance dans ce château, sous la surveillance de bonnes que ma mère Marie congédiait au moindre faux pas, dans la semi-liberté d'une éducation stricte dans ses principes et souple dans la pratique. J'y ai vécu bien plus longtemps que je ne l'aurais voulu, et je ne me suis senti vraiment chez moi dans aucune pièce, sinon dans la bibliothèque où je rôde encore ; j'y faisais des puzzles, tôt le matin, et de longues siestes sur le canapé jauni et défoncé, écoutant le chant des oiseaux avant que le ronronnement berceur de la télévision ne vienne occuper mes dernières années. Le seul lieu où je respirais, où je pouvais retrouver un peu de liberté de mouvement, c'étaient les bois. Pas les jardins avec leurs murs, leurs arbres fruitiers, leur potager, la cressonnière qui avait fini par se remplir de mauvaises herbes, le bassin rond où vivaient de très vieilles carpes, installées par ma mère au tout début du siècle, dans une eau verdâtre rafraîchie par un petit jet qu'on faisait fonctionner en été. Je les laissais au jardinier, plus tard à mes brus qui aimaient les fleurs et les fruits. Moi, j'aimais mes petits bois, ce qu'il en restait, celui qu'on traverse en montant à la chapelle et le bois des Nymphes, plus sauvage, qui occupe la parcelle entre le château et le champ du bas, champ occupé par les vaches du fermier et les chevaux du concours hippique et qui s'achève, bordé de très vieux chênes, contre la voie ferrée et la route. J'aimais également l'allée bordée de lilas qui monte à Benjamin (d'où vient ce nom, je n'en sais rien, de mon père, de mon grand-père ?). Des bois où poussent le buis, le houx, l'ail sauvage et l'anémone sylvestre au printemps, le hêtre et le frêne, quelques ifs, quelques sapins, des taillis d'épinettes et de charmes où chante le rossignol, des bois qui sentent la feuille pourrie et la mousse.

C'est moi qui avais donné au petit bois embroussaillé qui commence derrière le bassin asséché depuis un demi-siècle le nom de bois des Nymphes : c'était un hommage à une ancienneté païenne, au temps d'avant les bruits mécaniques, d'avant les constructions et les routes qui ont envahi les terres, les hommes dorénavant resserrés entre les murs gris des immeubles et roses des villas, leur étroite existence délimitée par les haies de thuyas et les barrières. J'avais toujours rêvé d'y croiser un soir d'été une naïade se baignant dans le bassin où l'eau de source reviendrait couler, à l'ombre des buis et du très vieil if, ou bien un jeune faune y jouant de la flûte. À défaut, j'y avais vu passer des lièvres, des biches, des sangliers, et j'y avais enterré mes chiens, sous une boule de buis, peuplant ainsi le bois de leur âme animale et fidèle.

J'aimais remonter la pente raide qui mène à Benjamin par des marches taillées dans le hêtre par Gallay le jardinier, et retrouver, sur la crête, la lumière printanière glissant à travers les branches courbes des lilas. Quelquefois j'y rencontrais, assise sur le banc de pierre sous le grand tilleul, ma belle-mère Henriette en robe de chambre rose pâle, auréolée de cheveux blancs, rêvant toute seule d'un monde perdu ou chantonnant des comptines. Je la saluais, lui portais un petit bouquet de violettes, elle souriait, angélique et presque centenaire. Je poursuivais ma promenade jusqu'au merisier planté en bordure du champ du haut, où les mufles de grosses vaches brunes venaient se frotter contre les barbelés, où un âne aux yeux vifs et tristes venait quelquefois me saluer et où le ciel, tout à coup plus vaste, découvrait sa cavalcade de nuages pommelés. J'étais heureux alors, mon chien Thor toujours à mes côtés, fumant ma pipe, respirant l'air vif d'avril, ne songeant à rien d'autre qu'à cette bonne sensation du corps actif et contemplatif en même temps. Lorsque je passais à nouveau devant le banc, ma belle-mère avait été rejointe par ma femme Dora, par notre fille Henriette ou par l'un de nos petits-enfants.

Sur une petite photographie rectangulaire, dans une belle lumière de fin de printemps ou de début d'été, une petite fille en salopette est assise à côté d'une très vieille dame, le visage creusé et net, entourée d'un halo de cheveux blancs. Elles ont l'air heureux, regardant avec confiance le photographe anonyme, sans doute quelqu'un de la famille, mais je n'ai aucun souvenir, à cette époque, de quiconque possédant un appareil photo. Peut-être était-ce mon grand-père, qui était influencé par la modernité américaine et qui avait aussi apporté le premier tourne-disque, la première radio au château ? Le visage de la petite fille est aussi clair et ouvert que celui de la vieille dame : nous sommes assises toutes deux sur un banc du jardin, le dos contre un mur qu'on devine tiède, mon arrière-grand-mère Henriette et moi, elle doit avoir près de cent ans, et moi, quatre ou cinq ans. Derrière nous, on aperçoit le château en surplomb, et devant nous, on devine le verger et ses antiques pommiers et poiriers qui donnent des petits fruits tavelés qu'on mangeait toujours trop verts. Quand elle n'était pas assise sur un banc au soleil ou à l'ombre légère et parfumée du vieux tilleul, Henriette restait dans sa chambre, une grande pièce lumineuse du premier étage du château où nous lui rendions visite. Elle chantait des comptines d'une voix fêlée, gardant sur son très ancien et très clair visage une expression de détachement serein qui l'entourait comme une auréole. Je me souviens d'elle dans un nimbe de lumière, comme si c'était toujours le début de l'été ; elle était d'une légèreté d'oiseau prêt à s'envoler.

C'est elle, cette jeune femme sur un portrait ovale, avec un beau visage un peu lourd, elle aussi qui avait passé sa vie à disparaître dans de mystérieuses cliniques, pour soigner une non moins mystérieuse affection. Elle était « neurasthénique », me disaient ma grand-mère et ma mère. Elle n'en pouvait tout à coup plus, elle s'absentait, elle avait peut-être aussi des migraines, des crises d'hystérie, ou juste une immense lassitude, ces maladies de femmes mal définies, nerfs, estomac, matrice? Ma grand-mère ne m'a jamais dit où elle allait, sans doute dans d'élégants sanatoriums alpins, où elle retrouvait d'autres femmes aux nerfs fragiles, des tuberculeuses, des insomniaques, des rêveuses. Elle prenait aussi les eaux à Vichy ou à Évian, où on la trempait dans des bains froids. Pendant ses absences, la gouvernante allemande s'occupait des enfants, Dora et son frère Raymond, lui aussi de santé délicate. Je me souviens d'un grand homme maigre qui avait laissé chez nous une malle remplie de livres pieux. Lui aussi, neurasthénique ? Il était en tout cas atteint de quelque chose qu'on ne nommait pas, il entendait des voix, il avait des visions, il était décharné et portait des lunettes. Mais, petite fille, j'ignorais tout de ces étranges et réelles maladies, je posais sur les cheveux légers de mon arrière-grand-mère une main affectueuse : le château, les murs du jardin nous tenaient tous ensemble, et l'enchantement allait encore durer de longues saisons, celles interminables des jeux et des minuscules malheurs.

Le temps se télescope, je ne sais plus si je suis encore jeune marié ou déjà père, ou même grand-père, je marche pour toujours entre les lilas, ramassant sur le sentier le fruit vert et bosselé de l'oranger des Osages, arbre originaire d'Amérique aux branches rampantes, sur lequel ont grimpé tous les enfants, planté je crois au moment du mariage de mes parents Max et Marie. Du bois de cet arbre, les Indiens Osages faisaient des arcs, et avec le liquide blanchâtre qui en coule peignaient leurs visages et teignaient leurs vêtements. J'ai aimé les arbres, les buissons, les taillis plus que les parquets et les meubles et les portraits de famille, avec une affection particulière pour le vieux sapin qui penchait dangereusement mais dont j'avais interdit la coupe, peut-être me voyant, comme lui, vieillir sur pied, mangé de lierre ; j'en avais fait mon totem, comme chez les tribus amérindiennes que j'avais fréquentées dans ma jeunesse. « Tu es un animiste » me disait ma femme Dora, et elle avait raison.

J'entrais très rarement dans les églises, et quand un mariage ou un baptême avait lieu dans la chapelle, je me contentais de suivre la cérémonie depuis l'extérieur, assis sur le banc de pierre au soleil, écoutant les voix des fidèles se mêler au chant des oiseaux. Je détestais le prêche des curés, leur ton doucereux, l'enfermement d'une vérité multiple en dogmes et en croyances étroites. Mais j'aimais monter à la chapelle, promenade qui me menait plus haut que celle de Benjamin, marcher d'abord dans les sous-bois verts sur une allée spacieuse où pousse en mars la morille, puis déboucher au pied du talus herbeux, dans une lumière tout à coup méridionale, et admirer la jolie construction trapue de la chapelle, ses pierres bleues, son clocher carré et ouvert ; en tournant la tête, on voit le château, presque aussi trapu, enfoncé dans sa cuvette mais néanmoins imposant, petite forteresse qui ne garde plus rien, aux secrets depuis longtemps éventés (le souterrain qui était censé le relier au bois avait été comblé, plus personne ne croyait aux fantômes, même si mon fils Xavier et sa sœur Henriette se racontaient d'horrifiques histoires sorties de leur turbulente imagination).

Une fois grimpé sur le talus, je m'asseyais sur le petit banc de pierre en face de la chapelle et je fumais ma pipe, le chien Thor couché à mes pieds, écoutant les insectes crisser dans l'herbe haute, regardant la vue entre les buissons denses et les arbres. Derrière les tours ramassées du château, par beau temps, on aperçoit la cheminée de l'usine Zigzag (fabrique de papier à cigarette qui employait à peu près tous les hommes des communes avoisinantes), le haut clocher de l'église moderne construite par mon ami Maurice Novarina, homme charmant et disert; sa femme, Manon, jouait de l'accordéon en chantant des airs populaires hongrois. Il était de bon ton de critiquer ce qu'on avait assez pompeusement appelé la « rénovation », au centre de Thonon, conçue par Novarina dans l'élan moderniste des années d'après-guerre, en démolissant le cœur ancien de la ville, ses arcades, ses cours moussues et insalubres; on voyait bien, il est vrai, que le nouveau quartier, derrière son rose pimpant, ses balcons de bois pour faire authentique et ses fausses places à l'italienne, avait l'air triste et emprunté de ce qui est artificiel et vieillira mal. Mais j'ai toujours aimé notre église de Vongy, son plafond en nef retournée, les mosaïques pseudo-byzantines qui représentent une Vierge à l'enfant posée sur une barque du Léman, ses voiles gonflées par la brise. Je n'étais pas aussi conservateur que mes amis, et j'assistais avec amusement à la querelle des anciens et des modernes, me réfugiant dans les bois quand les conversations devenaient trop vives, le feu attisé par ma femme qui n'appréciait rien tant qu'une bonne polémique et qui trouvait en moi un interlocuteur un peu falot. « Toi, tu ne veux jamais entrer en matière, on dirait que ça t'ennuie, alors que la conversation est tout de même le sel de l'existence, non ? » Je me moquais de Dora, je la traitais de bas-bleu. Elle était faite pour les salons parisiens, elle qui aimait lancer des discussions sur des sujets délicats sur lesquels elle n'avait que des idées vagues, la religion, la politique ou l'urbanisme, s'amusant de voir ses amis et sa famille, notamment ses irascibles fils, s'enflammer, parfois même entrer dans de violentes colères.

Depuis la chapelle, on voit aussi, par-dessus les disparates constructions humaines, les toits des maisons qui se sont construites alentour, la silhouette pointue et légèrement penchée de la Dent d'Oche, notre montagne tutélaire, celle que j'avais escaladée plus jeune, en compagnie d'amis chasseurs, avec mon père Max avant que les rhumatismes ne l'empêchent de marcher. Les quelques bouquetins que j'y avais tirés sans plaisir, je les avais offerts à Tréboux, le fermier, qui faisait boucherie une fois par mois et qui avait fièrement fixé au mur de sa cuisine les belles cornes torsadées : mon père ne m'avait pas transmis le goût de la chasse, de la poursuite, de l'attente, du sang et des viscères. Je préférais décidément les animaux vivants, apparaissant fugacement dans mes bois, incarnations d'une vie sauvage que j'aurais aimé partager.

Ma femme Dora a peint le château, les arbres, les chiens et les chats, elle a aussi fait des portraits de sa famille, époux, enfants, petits-enfants : il restera de nous une trace plus touchante, plus vraie que les photographies – comme cette photographie de notre mariage, l'empreinte d'un événement avalé par l'oubli, moi en gilet et jaquette, le visage rond et plutôt jovial, au bras de Dora en robe fluide, un voile léger entourant son visage si jeune, à la moue boudeuse : était-elle heureuse ? Et moi ? Nous ne nous posions pas la question du bonheur, ou pas de cette manière. Le but du mariage n'était pas d'être heureux mais de faire des alliances et de perpétuer cette pesante tradition qui nous a empêchés d'être tout à fait vivants, marchant et respirant librement, sans le poids de tout ce qui se transmettait, même à notre insu.

Avec Dora, nous partagions le goût de la montagne, et nous allions faire du ski aux Gets tous les hivers. Je revois, un peu floue, une autre photographie d'elle, sur des skis, jeune femme athlétique. Elle était aussi une excellente nageuse, et faisait le saut de l'ange à l'Eden Rock dans son costume de bain noir, flottant dans le ciel bleu, tandis que je restais à l'ombre à lire mes romans d'aventure. Peut-être aurait-elle été plus heureuse loin du château et de ses obligations ? Je n'ai sans doute pas bien compris ses silences, ses bouderies, ce que j'appelais sa « résistance passive ». Elle s'ennuyait, certainement, elle était, elle aussi, une femme du dehors, mais nos rôles devaient être distincts, moi l'homme des bois et elle, la femme de salon qui peignait pour s'occuper.

De mon grand-père Joson (variante savoyarde de Joseph, son nom officiel étant Joseph Marie), je me rappelle la haute silhouette, en pantalon et veste de velours côtelé, un petit bonnet rond sur la tête, la pipe à la bouche. Il marchait en compagnie de son chien Thor, un dogue géant et baveux. Je le revois toujours dehors, mais je l'associe à la bibliothèque, la pièce où nous n'entrions qu'exceptionnellement, son fumoir, son repaire. Il devait y lire des ouvrages de voyageurs et d'explorateurs plus que les lettres de François de Sales. La pièce avait gardé, même après sa mort, l'odeur du tabac, que j'avais appris à aimer et dont je me rappelle le paquet roulé d'un bleu profond et le nom, Amsterdamer. C'était une odeur chaude, parfumée, assez douce, qui entourait Joson d'une sorte de halo protecteur: la pipe à la bouche, il ne parlait pas beaucoup, il se contentait de grognements affectueux. Je ne pourrais pas retrouver sa voix ni me souvenir d'aucune conversation, mais c'est aussi que j'étais petite quand il est mort, en 1974. Ce qu'il nous a légué, par l'intermédiaire de ma mère, ce sont les disques 78 et 33 tours que nous écoutions à la maison, pendant toute mon enfance et mon adolescence, Porgy and Bess, Louis Armstrong, Sydney Bechet. Et ce qu'il m'a transmis, j'aime à le croire, c'est le goût des voyages, de l'anglais comme langue universelle qui m'a ouvert un immense monde littéraire, et de façon diffuse, un penchant pour la sauvagerie primitive des mondes perdus, pour les vieilles mythologies et le paganisme méditerranéen. Il m'a toujours semblé aussi que mon grand-père Joson était d'une bienveillance un peu ironique, un peu distante et que les soucis ne l'atteignaient pas, mais sans doute était-ce un effet de l'âge et de l'éloignement.

Ce que je sais de lui m'a surtout été raconté par ma grand-mère Dora et par ma mère, sa fille, qui a tant pleuré ce père dont la mort semble avoir ouvert la porte à d'autres morts, en ces années 1970, comme s'il avait par son départ créé une sorte d'appel: les hommes surtout étaient devenus fragiles, époux, cousins, pour moi, père et oncles, tous jeunes encore, happés par le monde d'en bas. Mon grand-père, mort pourtant dans son lit d'une maladie de cœur, a laissé derrière lui, sans le savoir, un monde en ruines, des pleureuses, des veuves, des orphelines. Il n'aurait jamais pu l'imaginer, ni que ma mère, sa fille, restât inconsolable. Mais moi, je sais à présent qu'une fille ne se remet jamais de la mort de son père, comme j'ai appris aussi qu'aucune disparition n'atténue le chagrin de la précédente. Ma mère, nous aimant, aimant son mari, est restée jusqu'à sa propre mort une petite fille abandonnée. Comment alors aurait-elle pu nous consoler, nous, ses filles, quand nous sommes à notre tour devenues orphelines ?

Mon grand-père Joson, avec sa nonchalance bienveillante, me semble loin de tous ces malheurs. Je le soupçonne de ne pas avoir eu le sens du tragique, gardant par pudeur et par dégoût du drame une certaine distance avec les passions de l'existence. Sa femme Dora, qui l'a pleuré sans doute, retrouva vite sa joie de vivre. Elle avait encore de longues et belles années devant elle, à peindre, à voyager, à trouver des solutions bancales pour sauvegarder le château, à se lancer dans des opérations immobilières risquées et à continuer à aimer, malgré tout, cette terre savoyarde et ses rejetons affligés d'apathie et de mélancolie héréditaires.

Quand j'ai emmené ma femme à Formose, laissant les enfants à Violette, je croyais que quelque chose encore aurait pu s'ouvrir, changer, peut-être même prendre une autre direction. Pour nous, ce fut le seul grand voyage de notre vie commune, après notre désastreuse lune de miel qui ne fut qu'une ébauche de voyage. J'avais une fonction officieuse auprès du consul américain, il me semble que j'étais conseiller culturel, ce qui ne voulait rien dire et me laissait toute liberté de ne rien faire. Nous avons été reçus avec le faste des colonies par le consul et sa femme, dont je ne me rappelle ni les noms ni les visages. Nous avons beaucoup bu de thé et de whisky à l'ombre des manguiers, sur la véranda aux meubles de rotin blanc, servis par de gracieuses servantes chinoises qui s'inclinaient, glissant sans bruit sur les planchers. J'étais transporté dans un monde à la fois réel et romanesque, tangible, parfumé, rempli des bruits les plus étranges, oiseaux piailleurs, appels en chinois qui avaient toujours l'air d'être des cris, jappements de quelque animal mystérieux. Je découvrais avec Dora le léger ennui de la vie diplomatique dans la chaleur des Tropiques, l'ivresse du corps libéré, transpirant, comme vidé de l'intérieur. Nous mangions du riz et des légumes, des mangues et des crabes, belles créatures aux carapaces bleues que Dora a peintes, saisissant leurs yeux minuscules et pourtant tellement vivants, leurs pinces élancées, prisonnières des terribles cuisiniers chinois qui ne faisaient pas de quartier. Eux, dans leurs cuisines étroites et enfumées, mangeaient des choses infâmes que je n'insistais pas pour goûter, mais où Dora allait mettre son nez. Je m'amusais de sa « curiosité ethnologique », que je partageais, même si je préférais le grand Nord aux torpeurs tropicales.

Nous avions comme ami un père jésuite qui nous promenait dans les villages en nous montrant les autels et les temples locaux. Il avait un faible pour la déesse Guan Yin, dont le culte était particulièrement important sur l'île, la considérant comme la Mère universelle des païens et donc aussi, comme une parente de la Vierge Marie. Il compilait un dictionnaire du dialecte insulaire, influencé par le portugais, puisque ce sont les Portugais qui ont donné le nom de Formose, la Belle, à cette île qui devint plus tard Taïwan, restant toujours distincte de la Chine continentale. Le bon père jésuite aimait comme nous les petits oratoires, les bougies, l'encens, les dons de nourriture faits à la déesse, aux esprits des forêts et des montagnes. Nous partions tôt le matin, quand il faisait encore frais, conduits par un chauffeur indien sur des routes affreusement cahotantes. Dora riait beaucoup, malgré la chaleur, les mouches, les puanteurs variées – charognes sur le bas-côté des routes, fruits pourrissants, eau stagnante, décharges... Je ne l'avais jamais vue si heureuse, et malgré quelquefois mon ennui et mes nausées, car la fraîcheur me manquait, je regardais les paysages et ma femme au centre, pareille à une idole elle aussi, le visage ouvert, le corps délié, et je découvrais un monde nouveau. L'île était belle sous ses frondaisons toujours vertes, et Dora en est revenue avec un goût pour les jungles, les oiseaux multicolores, les maisons coloniales aux vérandas rafraîchies par de grands ventilateurs, les serviteurs discrets. Avec aussi la nostalgie d'une liberté que nous ne retrouverions plus jamais, car ensuite la vie au château nous reprit et ne nous laissa plus de répit.

Je crois que nous avons été heureux, Dora et moi, à Formose, bien plus que pendant le court voyage de noces où nous ne nous connaissions pas et où la tristesse des îles polynésiennes, faux paradis, m'avait accablé, peut-être parce que les traditions s'y perdaient et que le tourisme déjà y faisait ses ravages, hommes et femmes trop gros, buveurs d'alcool, les yeux jaunis par l'hépatite, plages souillées de déchets, villages pauvres peuplés d'enfants loqueteux… Et puis, je m'étais efforcé d'être un époux attentionné, mais ma femme restait distante, nos gestes malhabiles, comme forcés : nous aurions été plus heureux si nous n'avions pas été mariés, je puis le dire maintenant que ma vision s'est élargie, si le compagnonnage s'était fait lentement, comme en amitié, comme avec les animaux, quand il faut s'apprivoiser. On donne sans réfléchir une femme à un homme, une toute jeune femme à peine sortie de l'enfance, encore sotte, l'homme lui-même guère plus malin, et on les somme de s'entendre, de livrer leur corps à des caresses inconnues et brutales, de faire devant le monde croire que cette union est réussie. J'avais fait perdre à ma femme non seulement sa virginité, mais la fraîcheur de ses jeunes années, et j'en étais triste pour elle ; elle avait côtoyé à Paris des peintres pas bégueules, visité les ateliers où des modèles nus mangeaient des sandwichs sans honte, où les hommes regardaient les corps avec une attention professionnelle d'où n'était pas exclue la lubricité, mais le contact intime et quasiment obligatoire avec cet homme, son mari, moi-même, qu'elle ne connaissait pas encore, lui avait fait perdre sa naïveté et, pour un temps, sa gaieté. Elle avait été malade pendant tout le voyage de retour sur un bateau chahuté par une grosse mer, nous ne savions pas qu'elle était déjà enceinte de notre premier fils.

Formose fut notre vraie lune de miel, couple qui avait mûri, qui s'était affranchi de certains devoirs, qui avait appris aussi à se connaître et à s'apprécier. J'avais un peu plus de quarante ans et Dora était dans le plus bel âge, elle pouvait montrer ses jambes, ses épaules, nager, danser et flirter, tandis que je faisais d'interminables parties d'échec avec le consul. Le père jésuite, dont la pâleur et l'intensité plaisaient à Dora, lui faisait la cour sans trop se cacher, persuadé qu'il était protégé par son statut de prêtre. Je tolérais leur idylle, sachant bien que ma femme était assez intelligente pour résister à ce pauvre père consumé de désir et de paludisme. Je ne me souviens plus de son nom ni de son visage, sinon d'une présence étonnamment virile, d'une voix grave et modulée qui racontait sans se lasser légendes, histoires locales, petits faits quotidiens. Le jésuite l'emmenait très souvent dans des « expéditions ethnographiques » comme il disait, sous mon œil amusé. « Tu as trouvé là un admirateur zélé, qui t'instruit très certainement sur les subtilités de la religion populaire et des rites ancestraux. Tu vas revenir encore plus savante que tu ne l'es déjà.» Depuis nos fiançailles, j'avais toujours pensé que Dora était une «femme savante», ce qui me flattait et m'agaçait aussi un peu, car cela lui donnait, sans d'ailleurs qu'elle en usât ouvertement, une sorte d'avantage sur moi. Nous étions en réalité tous deux nourris de livres, de récits, de mythes, moi connaissant mieux qu'elle les ethnographes et les anthropologues, elle, les peintres et l'histoire de la peinture. Elle fréquentait dès qu'elle le pouvait les musées, faisant des croquis, tandis que moi, je me contentais d'admirer le paysage ou je l'attendais au café avec un journal. «Tu t'es encore cultivée?» lui demandais-je, et elle me regardait avec reproche.

Mais après trois mois, il avait bien fallu rentrer, nous n'avions plus d'argent et le salaire que j'avais reçu du consulat pour ma fonction purement décorative était déjà parti en billets de train et d'avion, en dîners et en cadeaux. La vie a repris son sillon au château. Je n'étais pas fâché de retrouver ma bibliothèque, mes chiens, les enfants, mais nous n'avons plus jamais ressenti l'élan, l'insouciance, la douceur de ce voyage. Je n'ai jamais oublié Formose, et je sais que Dora pensait souvent à la déesse au blanc visage assise sur un lotus, au brave père jésuite, qui n'est plus qu'une silhouette presque oubliée maintenant. Dans ses derniers tableaux, Dora peignait des jungles imaginaires, peut-être se souvenant de celles de Formose, sans en retrouver cependant la force primordiale: elles étaient un peu étiques, ces jungles, un peu plates, mais elles lui faisaient plaisir et moi, je regardais par-dessus son épaule l'évocation d'un rêve que nous avions partagé et qui nous apparaissait désormais irréel. Comme si, en les peignant, ma femme retournait à l'une des sources possibles du bonheur.

Dans le présent indéfini où je suis maintenant, je devine que mes descendants ont vendu le château et la propriété, la ferme, le rustique, ce qui restait de nos terres après les ventes successives faites par mon père et par moi-même (des opérations peu lucratives, des arrangements avec la ville, avec le fermier, avec des promoteurs véreux qui s'en tiraient toujours mieux que nous). À des signes discrets, d'autres voix, d'autres présences, je sens bien que le château, où je reviens encore souvent, est habité par d'autres personnes, aimables, polies, respectueuses. Il règne même un calme nouveau, comme si les humeurs et les tensions avaient disparu. Chacun sans doute est parti ailleurs, mon fils, ses propres enfants, les enfants de ma fille, et je les comprends. Je pense même qu'ils ont bien fait de vendre, ça devait arriver, c'est un abcès qui crève enfin, laissant la place à d'autres propriétaires, plus frais, plus neutres. J'espère que mes descendants ont été libérés du fardeau des héritages. J'ai essayé de consoler mon fils, de loin, de lui insuffler un peu de courage : si ce n'était lui qui avait vendu, ça aurait pu être moi, son père, ou son propre fils (qui porte d'ailleurs mon nom et qui, enfant, me ressemblait tant avec sa bouille ronde).

Le château est vaste, paisible, je m'y promène, ombre légère, sans entrave, sans heurt. Les nouveaux habitants, un couple sympathique d'un certain âge, boivent des petits blancs avec les gens du pays et Madame fume d'affreuses cigarettes roulées qui laissent leur odeur tenace dans les rideaux. Je m'y sens bien, j'écoute même volontiers les airs de boogie-woogie que joue Monsieur au piano, en bas dans le grand salon. Il leur manque quelques chiens pour que les pièces soient vraiment habitées, une bonne odeur de chien mouillé, une présence animale et simple. Mais ils aiment les arbres, comme moi, et plantent des noyers en bordure des champs, taillent et entretiennent ce qu'il leur reste de jardins et de bois. Je voudrais pouvoir dire à mon fils qu'il a bien agi, qu'il a trouvé de bons acheteurs, que le château est mieux entretenu que de mon temps et du sien.

Bien sûr, je me sens un peu seul, mais qui ne l'est pas? L'ombre de mes chiens m'accompagne lorsque je monte à Benjamin, mais le chemin de la chapelle est coupé maintenant par une route et des barrières. Cela seul m'attriste: je ne peux plus errer librement dans mes bois et je devine un grand abattage d'arbres, hêtres et chênes et frênes, qui me chagrine, bien plus que la perte des maisons. Nous habitons le monde ouvert du dehors, non pas l'enfermement des pierres. Les gargouilles forgées par mon grand-père Amédée continuent de monter la garde devant le château, les mésanges de venir picorer devant la cuisine en hiver, et tout le monde minuscule des insectes de crisser et bourdonner en été. Peut-être la voix de mes petits-enfants et de leurs enfants me manque-t-elle, mais je suis devenu si léger que bientôt plus rien ne me retiendra en ces lieux, et j'aurai tout à fait disparu à mon tour, rejoignant dans le grand vide mes ancêtres, mon épouse, ma fille.

IV
Le billard

Moi, je suis étendue sur une couche dure plus proche du divan que de ces canapés modernes dans lesquels on s'enfonce – je dis volontiers que je fais ma Récamier – ou sur mon lit, la tête soutenue par deux gros coussins, vêtue de ma robe de chambre rouge en hiver ou d'une robe en cotonnade blanche à tout petits motifs floraux en été. Je relis des romans, anciens, modernes, démodés, aux tomes dépareillés, peu m'importe, ou le *Figaro* que m'apporte tous les matins mon fils, la correspondance de peintres ou de saints. Je reçois mes amis dans la pièce que nous appelions le billard, où je n'ai jamais connu de billard (peut-être un souvenir de mon beau-père Max ou même de son père Amédée), seule pièce bien chauffée de l'étage, autour du divan posé en face de la fenêtre et de la porte, à l'heure du thé ou du whisky. J'y reçois aussi ma famille, enfants, petits-enfants, leurs propres enfants, visages ronds, cheveux noirs, boucles blondes, je les confonds un peu. Mais j'ai le souvenir de leur présence, les conjoints aussi, les fiancés, les « coquins » comme je m'amusais à les appeler, puisque plus personne ne se fiance ni même ne se marie. Je feignais d'en être choquée, pour le plaisir de lancer une conversation. J'ai beaucoup aimé ces visites, les vieilles amies, les jeunes gens, les locataires avec leur chien, les visiteurs de passage, les connaissances, celles de Thonon, de Genève, de Paris. C'est peut-être ce que j'ai aimé le plus, avec la peinture et les voyages.

Car le reste du temps, avant d'être trop fatiguée, devenue paresseuse aussi, les doigts engourdis, le poignet raide, je peignais. D'abord dans un petit recoin percé d'une fenêtre étroite, dont j'avais fait ensuite une cuisine (une « kitchenette » comme j'aimais à dire, fière de faire tenir en si peu d'espace le nécessaire), entassant comme je le pouvais toiles, cadres, pinceaux, chevalets. Je ne voulais pas encombrer le château, d'autant que mon mari ne voyait pas mon activité d'un très bon œil, au début. Il la trouvait frivole et inutile, je pense qu'il était aussi jaloux de mon passage dans les ateliers parisiens. « Tu as vécu une vie de patachon, à un âge bien tendre. Je me demande comment tes parents t'ont laissée... » Et je lui répondais qu'il était lui aussi parti à l'aventure, sans achever ses études, et qu'il était rentré au pays sans beaucoup d'enthousiasme. « Nous sommes tous les deux des créatures indépendantes », lui disais-je. Il soupirait, et comme il n'avait pas de goût pour la discussion, contrairement à moi, il se retirait dans la bibliothèque ou sortait promener son chien. Mais l'indépendance n'a jamais été facile à atteindre ni à conserver. Nous étions tous les deux liés au château, à une notion de devoir que je trouvais peu convaincante. Pourtant, je voyais bien qu'il fallait être là, s'occuper des affaires courantes et puis des enfants, quand ils sont venus.

Après la mort de ma mère, j'avais transformé la grande chambre lumineuse qu'elle occupait en atelier; j'y transférais les toiles qui s'accumulaient, les tubes, les palettes, les livres d'art, les magazines. J'avais enfin un espace à moi, je pouvais fermer la double porte qui me séparait du couloir (ce qui n'empêchait pas les uns et les autres d'entrer, notamment mon mari, pour une lettre, une facture, un téléphone, une visite, une course). Une autre porte donnait sur le petit salon, où je rejoignais ma famille, le soir, quand Joson avait allumé le feu, contente de mon travail, les vêtements étoilés de peinture, les cheveux ébouriffés, sentant la térébenthine. « Regarde comme tu es mâchurée, tu as l'air d'une vraie pattière », me disait mon mari qui se moquait volontiers de moi, « tu pourrais faire une petite toilette. » J'enfilais ma robe ou mon pullover à l'envers, pour cacher les taches, coiffais mes cheveux peu dociles avec mes doigts, et demandais ce qu'il y avait pour le dîner. « Quand Dora a faim, elle fait la pote » ajoutait Joson, qui se délectait de ces expressions vernaculaires, comme il les appelait.

Il est vrai que lorsque j'avais faim, j'oubliais tout,

comme un enfant, et j'étais de mauvaise humeur. Violette le savait et venait nous annoncer que le repas était servi. Nous descendions à la queue leu leu le petit escalier de bois qui mène à la grande cuisine. Le potager chauffait, la table était mise, et quand il n'y avait que nous, nous mangions dans la cuisine, les portes des pièces de réception soigneusement fermées pour garder la chaleur. Dehors, le soir d'hiver tombait et je notais cette lumière bleue si particulière que j'essayais de reproduire dans mes tableaux de montagne, quand la neige et le ciel sont illuminés d'une dernière lueur presque surnaturelle. Les enfants, toujours affamés eux aussi, avaient souvent mangé avant nous, mais j'aimais leur présence, dans leurs pyjamas rayés, les joues rouges d'avoir été frottées, un peu somnolents, s'accrochant à nous comme de petits singes. Je me sentais alors proche d'eux, retrouvant tout au fond de moi le souvenir de ma propre enfance, des genoux de mon père que j'avais tant aimé. Joson souriait, même si par principe il préférait que les enfants disparaissent dans leurs chambres. De courts et vivaces moments de tendresse familiale, avec la bonne présence rude de Violette qui disait de sa voix forte, « Mangez pendant que c'est chaud ! » et « Assis-toi comme il faut ! » à un des enfants qui se tortillait sur sa chaise ou posait ses coudes sur la table. Peut-être alors avions-nous l'impression qu'il ne pourrait rien arriver de grave, que le château, ses couloirs froids, ses pièces trop grandes, ses salles de bains glougloutantes, ses cheminées qui fumaient, nous protégeait et nous tenait tous ensemble, pendant tout le temps que durerait l'hiver, que reviendrait le printemps hésitant, que s'installerait l'été, pendant l'enfance de nos rejetons et notre bel âge mûr et vigoureux.

« On entendit un bruit de casserole, c'était la comtesse », disait aussi mon grand-père Joson, quand ma grand-mère Dora rentrait avec sa 2CV, qu'elle conduisait d'ailleurs fort mal, tout comme ma mère. Elles avaient un rapport presque instinctif à leur voiture, l'aimant et la détestant, la malmenant, et les 2CV qui se sont succédé reflétaient le caractère emporté et impatient de leur propriétaire. Ces voitures nous ont bien servi, malgré les accidents, les toits percés, les bielles coulées, grimpant sur les routes verglacées, traversant la frontière – ma mère persuadée que les douaniers, qui sévissaient alors, et les Genevois regardaient d'un œil mauvais sa voiture bruyante et lui faisaient subir toutes sortes d'outrage, dont le moindre était une amende. Dans ces 2CV, nous avons chanté en canon tandis que les petits essuie-glaces peinaient à chasser la pluie, mon père, ma mère et nous les filles, parfois ma grand-mère, la plus jolie voix, la plus juste, étant celle de ma mère, « Ah, qu'on est bien quand on n'a rien à faire, ta paresse m'exaspère, je vais tout dire à ton père, dis-lui ce que tu veux, j'aime être paresseux. » Ou bien une chanson locale dont je ne garantis pas la transcription, comme « Ah la bella vogua que la vogua de Tully, av 'ni pi v'ni pi v'ni pi, t'auras des bougnettes, t'auras des bougnettes, av'ni pi v'ni pi v'ni pi, t'auras des bougnettes et des mattafaims. » Je me rappelle la dernière 2CV de ma mère, d'un vert grenouille, qu'un cousin bricoleur faisait démarrer avec de l'éther et que j'aurais

pu conduire, si j'avais eu mon permis. Le bruit caractéristique de la 2CV rythmait mes nuits d'enfant, quand j'attendais sans dormir le retour de mes parents sortis dîner.

Malgré ses plaisanteries qui pouvaient donner une impression d'insouciance, ma grand-mère m'a souvent raconté, avec une sorte de tranquillité fataliste, les innombrables soucis financiers, les factures qui s'entassaient ou que son mari, mon grand-père, jetait à la corbeille en décrétant que c'était tout ce qu'elles méritaient. Elle me montrait sa belle main où ne brillait plus que son anneau de mariage, un anneau d'argent serti de tout petits diamants dont j'ai hérité et que je conserve dans une boîte car il est trop grand pour moi. Elle me disait sans aucun ressentiment, « petit à petit j'ai vendu tous mes bijoux, pour payer le chauffage ou les impôts. C'était comme ça, tu sais, j'avais épousé ton grand-père, je devais rester à ses côtés et l'aider. »

Mais Dora avait eu si froid dans le château, elle qui aimait la mer et les jungles tropicales. Elle se tenait volontiers contre les radiateurs, la jupe relevée pour chauffer ses cuisses, sans se soucier de l'élégance. Si le château avait été une isba russe, elle aurait passé son temps couchée sur le poêle à faïences, comme les héros de certains contes. Il aura toujours manqué à sa vie le confort bourgeois, qui était la seule chose je crois qu'elle enviait aux autres gens. Ni la fortune, ni les belles robes, ni même les villes et les pays lointains, mais un gentil et banal confort, des radiateurs qui fonctionnent, un petit poêle qui ronronne, pas de courants d'air sous les portes, des tapis, des édredons, de la moquette, oui, même de la moquette ! Mais rien de tout cela n'a vraiment fait partie de sa vie ; dans les espaces plus petits et donc plus habitables de ses différents appar-

tements parisiens ou dans sa maison de Haute Provence, elle transportait avec elle l'inconfort et le bricolé, dont elle était en même temps toujours fière, ne manquant jamais de nous montrer un nouvel arrangement, une baignoire, un frigidaire, une cheminée, qui devenaient le symbole d'une vie rêvée et jamais atteinte. Elle comprenait les habitants des vallées chablaisiennes qui préféraient abandonner leurs chalets aux splendides balcons de bois ouvragés et aux fenêtres minuscules pour se faire construire des maisons spacieuses, banales, confortables.

Quand nous nous scandalisions de ces constructions qui enlaidissaient la montagne, ma grand-mère se faisait une joie de les défendre : « Eux aussi, ils ont droit au confort, ils en ont assez de vivre dans des pièces sombres au-dessus de l'étable, ils ont envie de chauffage central, de baies vitrées, de garage pour leur voiture, d'un joli jardin bien arboré, comme tout le monde ! » Elle nous agaçait alors prodigieusement, car elle savait très bien qu'en prenant le contre-pied de notre regard « ethnologique » et en prenant par là même le parti de la modernité contre l'archaïsme, elle se dressait à sa façon contre le fardeau des traditions, elle affirmait avec un plaisir non dissimulé que le progrès était louable et même désirable. Mais elle ne l'a jamais approché, ce progrès, elle s'en est toujours tenu à distance, partagée entre l'envie et le fatalisme : non, ces villas « le Gentil Nid » ou « le Rayon du Matin » ne seraient jamais pour elle, elle continuerait à réparer d'éternelles fuites, à plâtrer des murs qui s'effondrent, à combler des fissures qui se rouvrent ailleurs en grimpant sur de périlleuses échelles, à fréquenter nombre de maçons, fumistes, plombiers, dont elle aimait d'ailleurs la compagnie souvent bruyante et salissante, et à passer, sans une plainte, à travers le plancher pourri de son balcon, au rustique. Quand le lendemain elle apparut avec un énorme hématome sur la jambe, nous lui avons demandé ce qui lui était arrivé: « Oh, ça, j'ai passé à travers les planches du balcon, j'ai eu bien de la chance de ne rien me casser », et les planches étaient reclouées par un locataire serviable.

« Mais tu sais, », ajoutait ma grand-mère Dora comme si c'était sinon une explication du moins une consolation, « nous avons mené la belle vie avec ce qu'il restait de l'argent de ma belle-mère. Nous avions un jardinier, une cuisinière, une bonne, nous partions sur la côte d'Azur, nous faisions des fêtes. Oui, nous avons tout dépensé, et ensuite, ton grand-père m'a laissé m'occuper des affaires courantes. C'est comme ça que j'ai appris à vendre, à acheter, à louer, à faire des économies, à entretenir des relations amicales avec le médecin ou le boucher qui nous faisaient crédit. J'ai dû apprendre, tu sais, car je n'y connaissais rien, et j'aurais préféré quelquefois être peintre dans une soupente à Paris, sans famille, sans responsabilité. Ton grand-père partait souvent, en promenade ou en voyage, creusant un peu plus nos dettes. Il me faisait confiance et je ne lui en voulais pas, même si j'ai connu bien des moments de découragement, quand le poids du château pesait sur mes épaules, que les enfants étaient mal habillés, qu'il fallait payer les pensionnats et les cours particuliers, et garder malgré tout assez d'entrain et de gaieté pour voir des amis et peindre. »

Je suis sûre que certains de ces « amis » faisaient la cour à cette belle femme spirituelle, comme on disait encore au XIXe *siècle, courageuse et un peu délaissée. Ce qu'il s'est passé dans le secret ou même au grand jour, je ne le saurai jamais, mais ma grand-mère laissait planer le doute, l'œil vif et le sourire narquois. Si son mari prenait des libertés, elle pouvait en prendre aussi, à condition de rester discrète. Qu'il y ait eu en tout cas des admirateurs, des «flirts» comme elle disait, j'en suis certaine, car il était difficile de ne pas l'admirer, et ils venaient, à l'heure du whisky, réchauffer son cœur et son esprit engourdis par les longs et mornes hivers du château.*

C'est pendant la guerre qu'est née notre fille, et que nous avons eu le plus froid, le plus faim, que nous avons senti non pas tant la tragédie qui se déroulait partout en Europe et même dans le monde, que le poids funèbre du château et la limitation de notre vie. Nous avions un jardin, pourtant, des terres, un fermier qui nous donnait un peu de viande – celle qu'il ne vendait pas au marché noir – contre le droit illimité de faire pâturer ses bêtes dans nos champs, mais ni Joson ni moi n'étions de bons exploitants, jamais nous n'avons réussi à produire assez de légumes et de fruits, à entretenir un poulailler pour nourrir notre famille. Les quelques poules que nous avions ont été mangées par le renard. Le jardinier, quand il venait, cultivait des patates qu'il rapportait chez lui en guise de salaire, puisque nous n'avions plus les moyens de le payer. Quant à Violette, toujours fidèle, elle allait cueillir du cresson, de l'oseille, du thym, des poires blettes, des framboises, des mûres et des noix dans ce qu'il restait de jardin, dans les champs, en bordure des allées. Les gens du village venaient aussi se servir, selon une ancienne tradition que personne ne remettait en question, surtout pas dans l'état de disette où était tout le monde.

Une fois que j'avais faiblement protesté, montrant à Joson l'état misérable de notre garde-manger, il était entré dans une de ses colères terribles, il m'avait montré la porte : « Si tu n'es pas capable de partager nos ressources avec les gens du village, c'est que tu es devenue bien bourgeoise et bien aigrie. Allez, sors et débrouille-toi pour nourrir tes oisillons, comme tu dis. » Lesquels oisillons étaient en effet bien maigres, anémiques et mal fagotés. Piquée, je prenais ma bicyclette et décidais de monter dans la vallée d'Abondance où j'étais sûre de trouver au moins des œufs et du fromage. « Mais il faut que tu me donnes un peu d'argent, disais-je à mon mari avant d'enfourcher mon vieux vélo rouillé, ou un autre moyen de paiement. » Il soupirait et trouvait quelques billets, quelques litres de bon vin et même, dans les moments les plus difficiles, il me chargeait de bibelots ou de couverts en argent. C'est ainsi que je partais sur les routes, un sac sur le dos, échangeant nos petits héritages contre de précieuses denrées, parcimonieusement distribuées par d'âpres paysans, parfois même avariées. Une fois, alors que je rentrais de nuit, épuisée par une longue journée passée à parlementer et à pédaler, j'arrivai enfin devant le château et tombai dans le gravier, cassant la moitié des œufs que je venais de chèrement marchander. J'en fus si chagrinée que je rentrais en sanglotant, tenant mon sac souillé d'œufs écrabouillés. Joson et les enfants me regardaient avec beaucoup de pitié, et Violette, qui n'était jamais à court d'idées, décida de faire une omelette avec tout ce qui s'était écrasé.

Nous avons fait ce soir-là le meilleur repas de la guerre, et mon mari, pour la première fois depuis longtemps, m'a regardée avec une tendresse qui me rappelait les jours heureux.

Des officiers allemands s'étaient installés dans le petit château de mes parents à Montjoux, au bord du lac. Ils l'avaient réquisitionné, sans faire de dégâts. Au début, nous allions quelquefois leur rendre visite avec ma mère, et ils nous invitaient à prendre le thé dans le salon, entre gens de bonne compagnie. Ma mère leur rappelait que nous avions de la parenté prussienne et leur racontait volontiers que j'étais née à Düsseldorf. C'était des soldats de la vieille garde, polis, parlant un français correct, et sans doute assez contents d'être postés sur ces rives où il ne se passait, en apparence, pas grand-chose. Comme ma mère ne pouvait s'empêcher de jeter un coup d'œil anxieux à ses meubles, ils mettaient leur point d'honneur à nous montrer la maison, poussiéreuse et triste sous les housses blanches qui étaient restées de l'hiver précédent. Mais ces visites me rendaient mélancolique et ma mère aussi. Bientôt, nous avons cessé de venir, d'autant que les officiers avaient commencé à couper les arbres du parc pour se chauffer. Et, plus alarmantes, d'autres nouvelles nous parvenaient : les Allemands persécutaient les juifs, les résistants s'organisaient dans la montagne, il y avait des prises d'otages, des fusillades, des massacres, des églises brûlaient, des enfants faméliques erraient sur les routes…

Même si la famille se disait pétainiste, par principe

et par tradition plus que par conviction, mon mari Joson a commencé à se livrer à des activités mystérieuses. Il ne m'en parlait pas ouvertement, craignant ce qu'il appelait « tes bavardages et les mauvaises langues du pays », ce en quoi il avait en partie raison. J'ai commencé à me douter qu'il participait à des sauvetages de pauvres hères pourchassés, en leur faisant traverser la frontière suisse, notamment par le lac. Il partait le soir à pied ou avec notre vieille Citroën, et rentrait très tard, parfois le lendemain matin, fourbu, boueux, soucieux, ou au contraire, tout guilleret, comme s'il avait fait une bonne farce. Je l'attendais près du feu, sous mes couches de lainages, et n'osais rien lui demander, mais je devinais bien que quelque chose de grave se tramait. Il est resté discret pendant toute la durée de la guerre, et il s'est même rendu à quelques occasions au château de mes parents, sous prétexte de surveiller un peu nos affaires, se faisant un plaisir d'extorquer aux officiers qui occupaient toujours la maison quelques cigares et deux trois bonnes bouteilles. Une fois, il me l'a raconté bien après la fin de la guerre, il a réussi à faire passer une famille depuis le port même de Montjoux, se glissant entre les arbres, de nuit, tandis que dans le château illuminé, les officiers fêtaient un anniversaire avec force cris et chansons et bruits de talons sur le plancher.

Mais nous avons traversé la guerre, malgré les privations, protégés, épargnés et désenchantés. Les enfants, même s'ils étaient « rachitiques », c'est le mot qu'avait employé le docteur, ont beaucoup joué, découvrant dans la restriction de nos mouvements la liberté que leur donnait l'espace du château, des jardins, des bois. Ils se sont déguisés avec ce qu'il restait des robes, des redingotes et des dentelles de leurs aïeuls, ils ont plus ou moins appris à lire et à écrire, le bébé est devenu une petite fille au visage rond, déjà vive et pensive, sujette au faux croup et aux angines. « Allons, allons, ces enfants sont de solides petits Savoyards, disait Joson, regarde-les, regarde leur bonne bouille ronde. Allons, maintenant que la guerre est finie, tu vas voir, tout le monde va retrouver de belles couleurs. »

Et nous sommes passés à autre chose, les enfants grandissaient, je me suis remise à la peinture, je suis retournée souvent à Paris, pour me changer les idées, la vie d'après guerre nous donnait l'illusion d'une deuxième jeunesse, d'un printemps plus vif, d'une possible gaieté. J'ai été amoureuse, je crois, à ce moment-là plus que jamais, de la vie, des hommes, des fêtes, tandis que Joson s'isolait, passant plus de temps avec ses chiens qu'avec ses enfants, se cachant derrière la fumée de sa pipe. Peut-être avait-il davantage souffert de ces années de guerre que moi, de ce qu'il avait vu et entendu et compris. Il en était revenu plus taciturne et plus sarcastique, se moquant de mon enthousiasme et rabrouant les enfants dès qu'ils faisaient un peu de bruit ou pleuraient. Mais les années d'après guerre tout de même me firent danser et aimer et oublier, un peu, la pesanteur de la vie au château et les tragédies d'un monde qui, ailleurs, essayait de se relever de ses ruines.

Je ne sais pas si j'ai été une bonne mère, à mon époque on ne se posait pas toutes ces questions, et ma propre mère ne m'avait-elle pas confié toute mon enfance à des gouvernantes? Mes enfants, je le sais, se sont plaints, devenus grands, d'avoir été négligés: j'aurais pu être une mère un peu plus moderne, comme leur père aurait dû les encourager dans leurs études. Mais nous avions encore des habitudes anciennes, et puis un certain égoïsme qui nous poussait à choisir notre confort, à garder séparé le monde des enfants du nôtre. Nous les avons laissés en friche, comme nos terres, ils sont restés impatients, dissipés et paresseux. Il aurait fallu beaucoup d'effort pour corriger leur pente naturelle. «Nos petits sauvageons», comme disait mon mari, étaient pris en main par Violette. Elle était brusque et aimante, et j'enviais parfois son aisance, son autorité, la place qu'elle avait prise auprès des enfants. Pour les études, j'ai toujours pensé que les pensionnats étaient un lieu sûr, d'apprentissage et de discipline, même s'ils nous coûtaient cher. Pourtant, je voyais bien que ni mes fils ni ma fille n'y étaient heureux. S'ils ont appris quelque chose, c'était par accident; selon leur humeur ou celle d'un professeur un peu plus inspiré. Je les ai envoyés dans des écoles tristes et sévères où ils apprenaient en réalité la rébellion passive et la paresse.

Pourtant, je me suis intéressée à eux, je leur ai

lu des histoires, je leur ai montré des livres sur la peinture. Je les emmenais aussi dans les musées, quand nous sortions de notre province pour aller à Genève ou à Paris, j'essayais de leur donner le goût des arts, de la lecture ; j'aimais leur raconter les histoires cocasses et tragiques de la mythologie grecque, les contes, les fables : quelque chose devait bien se transmettre car j'ai retrouvé chez ma fille le talent pour le dessin et plus tard, la peinture, le goût pour la lecture au point d'en oublier le monde extérieur ; mon fils cadet lisait beaucoup, lui aussi, tout ce qu'il trouvait dans la bibliothèque du château, il disait qu'il voulait devenir historien, et mon fils aîné avait un esprit scientifique très vif. Mais ils ont tous trois porté, chacun à sa manière, un fardeau douloureux, la difficulté d'agir, une sorte d'obstacle intime que je devinais et qui me chagrinait. Pourquoi ne les ai-je pas plus encouragés, moi qui venais d'une lignée d'intellectuels, mon père diplomate et polyglotte, ma mère première bachelière de France, moi-même, brillante élève qui avais du goût pour les lettres, les langues et la philosophie ? J'ai été contaminée par l'apathie de mon mari, par son défaitisme, et par la rude indolence de la vie au château. Il s'agissait de tenir, et le reste apparaissait comme superflu. Pauvres enfants, que parfois j'oubliais en partant en vacances, les laissant aux mains de Violette sans les avoir même embrassés, dans ma hâte de quitter le printemps froid pour un peu de douceur méditerranéenne, la vie solitaire et austère de notre donjon savoyard pour la frivolité parisienne.

Mais j'ai sans doute été meilleure grand-mère que mère, sans le poids de la responsabilité, aimant mes petits-enfants et leurs propres enfants avec une tendresse légère. Rien ne m'était demandé, ils n'exigeaient rien de moi, contrairement à mes enfants, ils m'acceptaient telle que j'étais, une grand-mère qui ne faisait pas la cuisine, qui ne tricotait pas de layettes, qui n'offrait pas de bonbons, mais qui aimait leur compagnie vivante et gaie et qui voyait avec plaisir apparaître une nouvelle génération, plus douée pour l'existence. Je leur racontais des histoires, je dessinais avec eux, je me tenais au soleil devant le château tandis qu'ils jouaient dans l'herbe.

J'ai peint d'innombrables portraits de mes petits-enfants, assis dans des fauteuils trop vastes pour eux, vêtus de velours noir ou jouant avec les chiens, les chats, se promenant dans les bois, enfants aux visages ronds que la pose rendait songeurs. Je n'ai peut-être pas été équitable, ne partageant pas également mon amour, n'étant d'ailleurs jamais très tendre, parce que sans doute on ne l'avait pas été avec moi. Mais les enfants doivent apprendre à pardonner à leur père, à leur mère, et avancer dans la vie sans peur. Ils ne devraient pas oublier que, malgré nos faiblesses, ils ont été aimés, tous, malgré les pensionnats, les oublis, la distraction, l'ennui, la colère. Certes, encore toute jeune mère, j'avais oublié mon premier fils, m'étonnant de la présence de ce joli nourrisson dans son berceau, Violette me rappelant, interloquée, que c'était le mien. J'avais même une fois oublié ma fille, qui rentrait de l'internat pour les vacances un jour après nous et qui s'était retrouvée seule devant la porte du château, alors que nous étions déjà partis pour la montagne ou la mer.

Oui, j'ai été injuste et indolente, préférant souvent mon confort à l'effort que demandait la maternité, laissant les enfants jouer sous la pluie et attraper des bronchites, livrés souvent à leur intime tourment, que j'ai vu resurgir si vif, si douloureux quand ils sont devenus adultes. Mais c'est que j'ai dû puiser dans mes forces toute seule, avec un père très aimé mais absent, une mère malade des nerfs qui disparaissait dans des cliniques, un frère, Raymond, tuberculeux et confit en piété qui avait des visions et entendait des voix, un mari charmant mais irascible et décidé à ne pas affronter les réalités de la vie quotidienne. Je suis devenue peintre malgré tout, c'était une forme de résistance tout autant que de création, je n'ai jamais voulu n'être qu'une maîtresse de maison, une épouse, une mère, c'était la seule façon pour moi d'exister et de tenir ma vie. Alors suis-je responsable de tout ce que mes enfants ont porté, de ce qui leur a été transmis, par leur généalogie, par le hasard, de ce qu'ils ont développé par leurs mauvaises habitudes ? Je me libère de tout cela, maintenant que je ne suis à mon tour qu'une ombre, délivrée du fardeau d'une responsabilité qui a bien plus pesé sur mes épaules que ne le pensent mes descendants.

Épilogue

Si l'histoire presque oubliée de cette famille sans gloire semble s'être achevée par la vente du château, des communs, des jardins et des bois, les lieux cependant demeurent, passent en d'autres mains, reprennent vie d'être regardés à nouveau, aimés d'une autre manière, entretenus, transformés aussi.

Et puis, ce qui demeure surtout, c'est le lien invisible et puissant qui m'attache à ces pierres, ces pièces, ces odeurs. Tout est précis et clair dans mon souvenir, il n'y a en vérité pas de zones obscures, sinon l'ombre naturelle des taillis, des arbres, des recoins mal éclairés des vastes maisons, et même la mort y joue son rôle, raide bien sûr et fulgurante, mais elle aussi en pleine lumière. Je n'ai pas l'impression de porter de lourds secrets, d'indicibles souffrances qui seraient celles de mes prédécesseurs ; ils ont vécu leur vie, bon an mal an. Et avec les tragédies et la tristesse qui accompagnent toute perte, celle de parents morts trop jeunes, celle d'une enfance miraculeusement sauvage et bonne, je poursuis mon chemin loin de cette terre et de ces récits, ouverte sur un monde qui ne cesse de changer. Pourtant, je rêve encore très souvent de la maison où nous avons vécu, la ferme avec ses auvents et sa cour pavée, une maison abandonnée aux araignées et à la poussière ou au contraire animée, toute une vie se menant là, avec moi qui y reviens ou qui ne l'ai jamais quittée.

Car le domaine et son petit château encore préservé, pour combien de temps, des promoteurs et de leur vision d'un monde rempli de piscines, de terrains de golf, de gazon et de baies vitrées, la ferme et ses grandes chambres fraîches, sa cuisine carrelée de blanc qui avait été la laiterie, les jardins caillouteux où poussent la ronce et l'ortie, tout cela m'accompagne, profond et vivace. La vente a certes scellé officiellement notre abdication au profit d'un nouveau règne, et c'est un acte que je n'ai jamais regretté : nous ne pouvions plus rester, à moins de nous consacrer, tous, ancienne et nouvelle génération, à l'entretien des lieux. C'était un choix impossible, car la vie déjà nous menait ailleurs. Comment rester quand autour le monde bouge ? Moi aussi, je me mettais en mouvement, et quitter notre étroit et merveilleux royaume pour ne pas le voir s'effondrer sous le poids de son propre passé était devenu une exigence vitale ; il fallait que le royaume vive, et nous aussi.

Je sais, en ne cessant d'y revenir, sans nostalgie car depuis longtemps je suis sortie de l'enfance enchantée, que je porte en moi non seulement la topographie des lieux, mais aussi les récits, les rites, les voix, les sensations, le passage des saisons, la présence des animaux, chats, chiens, moutons, l'immuable chant des oiseaux. Je n'ai plus besoin des murs ni des toits pour me sentir à l'abri, j'ai trouvé ailleurs d'autres abris, tous provisoires et moins lourds à entretenir. Les bassins sont toujours là, j'imagine que l'eau y coule, la précieuse eau des fontaines, et que les nymphes viennent s'y baigner sous le regard distant et amusé des ancêtres, qui ne sentent plus aucun poids sur leurs épaules : tout s'est évaporé sauf la permanence ancienne et chaque jour rafraîchie des buis, des houx, des hêtres et du lierre.

Table

Achevé d'imprimer
en janvier deux mille seize
sur les presses de L.E.G.O. à Lavis, Italie,
pour le compte des Éditions Zoé
Composition Joseph Maye, Genève